Herausgeber:
Christian Abegglen

Märkte analysieren und integrierte Strategien entwickeln

J. Schmidt
Michael Klade

Publikationsreihe
Ganzheitliches Management in der Praxis
Band 16

Ausgewählte Diplomarbeiten der St. Galler Business School

ST. GALLER
BUSINESS BOOKS & TOOLS
GENERAL MANAGEMENT SERIES

Die Deutsche Bibliothek – CIP-Einheitsaufnahme

Märkte analysieren und integrierte Strategien entwickeln
Publikationsreihe Ganzheitliches Management in der Praxis, Band 16
Ausgewählte Diplomarbeiten der St. Galler Business School – Herausgegeben von
Christian Abegglen
Business Books & Tools St. Gallen; St. Gallen 2015
   (Edition General Management Series)
   ISBN 978-3-905379-45-7

Alle Rechte vorbehalten

© Verein Business Books & Tools St. Gallen, St. Gallen
2015

Das Werk einschließlich aller seiner Teile ist urheberrechtlich geschützt. Jede Verwertung außerhalb der engen Grenzen des Urheberrechtsgesetzes ist ohne Zustimmung des Verlags unzulässig und strafbar. Das gilt insbesondere für Vervielfältigungen, Übersetzungen, Mikroverfilmungen und die Einspeicherung und Verarbeitung in elektronischen Systemen.

http://www.sgbbt.ch
E-Mail: info@sgbbt.ch

Höchste inhaltliche und technische Qualität unserer Produkte ist unser Ziel. Bei der Produktion und Verbreitung unserer Werke wollen wir die Umwelt schonen. Dieses Buch ist deshalb auf säurefreiem und chlorfrei gebleichtem Papier gedruckt. Die Einschweißfolie besteht aus Polyäthylen und damit aus organischen Grundstoffen, die weder bei der Herstellung noch bei Verbrennung Schadstoffe freisetzen.

Druck und Buchbinder: Rosch-Buch, D-Scheßlitz
Printed in Germany

ISBN 978-3-905379-45-7

Vorwort des Herausgebers

Rezession, Schrumpfung, Nullwachstum, Erholung, Aufschwung, Blase, alles Stichworte, mit denen die Entwicklung der europäischen Wirtschaft in den letzten 12 Monaten von Experten und Medien charakterisiert wurde. So turbulent die jüngsten Entwicklungen der Wirtschaft ausfielen, so gegensätzlich wurde auch deren zukünftige Entwicklung prognostiziert. Worauf können sich Unternehmen nun noch verlassen und nachhaltige strategische Entscheidungen fällen, wenn die einzige Konstante die Unsicherheit ist?

In Zeiten diskontinuierlichen Wandels gilt es umso mehr, ein szenarisches Gesamtbild zu entwickeln, das auch vor dem Hintergrund veränderter Voraussetzungen und Herausforderungen Sinn macht. Im Kern steht dabei die unternehmerische Kompetenz, Reaktionsfähigkeit und -geschwindigkeit als integrierter Bestandteil in Unternehmenskultur, Strategie und Prozesse zu verankern und so die stetige Weiterentwicklung des Unternehmens als organisationales Selbstverständnis zu festigen. Durch interne und externe Entwicklungen entstehende Dissonanzen können so effektiv bewältigt und sogleich als produktive Innovationstreiber für Transformationen eingesetzt werden, um eine Steigerung der Wettbewerbsfähigkeit zu erzielen.

Seitens des Managers setzt dies sowohl ein konsequentes Beobachten und Analysieren des Unternehmens und dessen Umwelt und Anspruchsgruppen, als auch die permanente Weiterentwicklung des eigenen Potentials in der Form von Aus- und Weiterbildung voraus. Ein solches individuell situativ einsetzbares Rüstzeug vermittelt die St. Galler Business School über das mittlerweile viele Jahre bewährte St. Galler Verständnis eines umfassenden, integrierten und nachhaltigen Managements.

Das vom ehemaligen wissenschaftlichen Leiter der St. Galler Business School, Prof. Dr. Dres. h.c. Knut Bleicher, entwickelte Konzept Integriertes Management vermittelt umfassendes Management Wissen, welches heute mehr denn je dazu geeignet scheint, aktuellen Herausforderungen gewachsen zu sein. So ist es nur logisch, dass dieser universelle und omnipotente Ansatz sämtlichen Aus- und Weiterbildungsprogrammen – Seminaren, Diplomstudiengängen als auch innerbetriebliche Veranstaltungen – der St. Galler Business School zu Grunde liegt.

In diesem Zusammenhang dürfen wir Ihnen auch 2015 abermals 3 Bände mit ausgesuchten Diplomarbeiten, welche im Rahmen von Studiengängen der St. Galler Business School verfasst worden sind, präsentieren. Im Rahmen ihrer Studien haben AbsolventInnen der berufsbegleitenden Studiengänge Herausforderungen im Umfeld eines ganzheitlichen und integrierten Managements erarbeitet.

In aktuell 18 Sammelbänden (3 Bände im Jahr 2010, 3 im Jahr 2011, 3 im Jahr 2012, 3 im Jahr 2013, 3 Bände im Jahr 2014 und 3 Bände im Jahr 2015) werden wesentliche Herausforderungen erfolgreichen integrierten Managements diskutiert und anhand konkreter praktischer Unternehmensbeispiele nachvollziehbar illustriert. Damit soll der Leserschaft erneut eine Plattform geboten werden, sich ausgehend vom St. Galler Management Ansatzes mit aktuellen praxisnahen Fragestellungen aus der Wirtschaft auseinander zu setzen.

Dabei widmet sich **Band 16** der Analyse von Märkten zur Identifikation potentieller Geschäftsfelder und darauf aufbauend einer schrittweisen Entwicklung von integrierten Strategien. In dem ersten Beitrag von J. Schmidt wird unter dem Titel „Produkt und Marktstrategie für ProRC" auf Produktebene eine umfassende strategische Analyse der Marksituation im Versicherungsbereich vorgenommen. In Kombination mit dem aktuellen Produktportfolio sowie der Abwägung verschiedener strategischer und operativer Optionen entsteht daraus ein fundiertes und durchgehend umsetzungsorientiertes Produkt- und Marktkonzept.

Der zweite Beitrag umfasst das Unternehmensgründungsprojekt „AUBERG®" von Michael Klade. In einem ganzheitlichen Ansatz zeigt die Arbeit die Generierung eines Business Plans, welcher grundlegende strategische Fragestellungen beantwortet und die für den Aufbau eines neuen Unternehmens essentiellen Elemente beschreibt: von der Geschäftsidee über die Produktbeschreibung, die Markt- und Branchenanalyse, bis hin zu einer Geschäftsfeldstrategie mit dem entsprechenden Marketing sowie die Planung der notwendigen, unterstützenden Strukturen und Ressourcen. Ein konkreter Zeitplan zur Umsetzung des Business Plans rundet diesen Beitrag ab.

Die Organisation als soziales System mit festen und dynamischen Strukturen bedarf der stetigen Anpassung an Veränderungen der Umwelt. Mit der kontinuierlichen Weiterentwicklung und Optimierung einer Organisation beschäftigt sich **Band 17**. Im ersten Beitrag von Christian Grajek wird unter dem Titel „Optimierung der Projektportfolioplanung am Beispiel der Sparkasse Leipzig" ausgeführt, weshalb das (Multi-)Projektmanagement als Gestaltungselement des organisatorischen Wandels auf einer strategischen Ebene in den Kern der unternehmerischen Entscheidungen rückt. Im Zentrum stehen dabei typische Werkzeuge zur mehrdimensionalen Projektbewertung, welche durch die Nutzwertanalyse Empfehlungen für eine objektive sowie transparente Auswahl und Gestaltung des Projektportfolios schaffen.

Der zweite Beitrag „Entwicklung einer Vorgehensweise zur unternehmensübergreifenden Planung und Steuerung in der voestalpine Steel Division" von Christian Wolfsteiner beschäftigt sich mit der Gestaltung eines unternehmensweiten Forecast zur Absatzplanung. Für den optimalen Einsatz limitierter Produktionskapazitäten wird der Prozess zur Erstellung möglichst genauer Absatzprognosen analysiert und neu definiert. Dieser rollierende Prozess ermöglicht eine schnelle Reaktion auf Bedarfsschwankungen. Schlussendlich wirkt sich die erhöhte Flexibilität über die entsprechenden vor- und nachgelagerten Prozesse positiv auf das Gesamtergebnis des Unternehmens aus.

Die Steigerung der Effizienz von Prozessen durch die Identifikation von Optimierungspotentialen steht im Fokus von **Band 18**. Unter dem Arbeitstitel „Analyse und Optimierung zur Steigerung der Prozesseffizienz im Bereich Herstellung am Beispiel der Streuli Pharma AG" evaluiert Andrea Wangenheim auf Basis einer systematischen Geschäftsprozessanalyse in einem spezifischen Herstellungsbereich Potentiale für eine Steigerung der Produktionsleistung. Aufbauend auf den durch die Analyse gewonnenen Erkenntnisse werden konkrete Massnahmen zur gewinnbringenden Realisierung der Prozessoptimierung, zur Erweiterung der Produktionskapazität sowie zu Kosteneinsparungen aufgezeigt.

Die hier vorgestellten Diplomarbeiten sollen zum Reflektieren und Nachdenken anregen, um auch in Zeiten der Unsicherheit kreative und nachhaltige neue Wege einzuschlagen. Wir hoffen mit den vorgestellten Tools und Ansätze sowie konkreten Analysen und Handlungsempfehlungen der vorliegenden Bände den Interessierten und umsetzungsorientierten Manager für eine Innovative Zukunft zu inspirieren

Dr. Christian Abegglen

Gründungsdirektor und Verwaltungsratspräsident der St. Galler Business School

Bereits erschienen im Jahr 2010 bis 2014: Ganzheitliches Management in der Praxis - Ausgewählte Diplomarbeiten der St. Galler Business School

Band 1: Ideen- und Innovationsmanagement

Markus Heubi: Businessplan SBB Shop – Ein Businessplan für eine interne Sozialfirma der SBB.

Robert Hormes: SCHOTT Pharmaceutical Packaging fit für die Zukunft: Entwickeln und implementieren eines integrierten Ideenmanagements.

Rainer Brockmöller: Standortanalyse und Entwicklung einer Standortstrategie am Beispiel eines Matratzen Fachmarkt Konzeptes in Deutschland.

Im Mittelpunkt von **Band** 1 steht erfolgreiches Ideen- und Innovationsmanagement anhand von konkreten Unternehmensbeispielen. Über die Ist-Analyse eines bestehenden Geschäftsmodells wird die Idee der Gründung einer Sozialfirma der Schweizerischen Bundesbahnen (SBB) anhand der Kriterien eines Businessplanes analysiert. Über den Businessplan werden Zukunftsaussichten und mögliche Erfolgsfaktoren für ein neues Geschäftsmodell aufgezeigt. Am Beispiel der Firma SCHOTT erfolgt die Entwicklung und Einführung eines integrierten Ideen- und Innovationsmanagements für Prozess- und Produktinnovationen. Der Schwerpunkt liegt dabei auf der Ideensammlung und -bewertung. Wie eine Standortstrategie anhand der Analyse des Standortprofils eines Verkaufsgebietes im Geschäft der Matratzen Concord GmbH entwickelt wird, zeigt der dritte Artikel dieses Sammelbandes auf. Über die quantitative und qualitative Analyse bestehender Standorte und ein daraus verändertes Standortprofil werden Erfolgsstrategien entwickelt, um das zukünftige Wachstum und Expansion zu sichern.

Band 2: Ganzheitliche Unternehmensanalyse

Karl Paukner: Der systemische Methodenkoffer. Strategieentwicklung und strategisches Consulting in der Managementpraxis.

Jannis Lindschau: Die Relevanz sozialer Verantwortung in Unternehmenskulturen im Kontext der gesellschaftlichen Werteentwicklung.

Der **Band 2** beschäftigt sich intensiv mit der ganzheitlichen Unternehmensanalyse, wobei hier der Fokus auf der Zusammenführung von systemischen (Kommunikations-) Modellen und dem St. Galler Management Ansatzes liegt. Auch hier wird die kritische Auseinandersetzung wieder an konkreten Unternehmensbeispielen exemplarisch veranschaulicht. Besonderer Schwerpunkt in Band 2 liegt dabei auf der operativen Umsetzung der Modelle. Am Beispiel der Österreichischen Bundesbahnen (ÖBB) erfolgt die anwendungsbezogene Darstellung der Implementierung ganzheitlicher integrierter Personalentwicklungs- und Strategieprozesse anhand systemischer Modelle und Interventionen. Neben der strategischen Dimension beleuchtet ein weiterer Beitrag auch den normativen Aspekt des St. Galler Management Modells. Ausgehend von der gesellschaftlichen Werteentwicklung der letzten Jahre sowie zukünftiger Trends erfolgt die Vorstellung der gelebten Werte innerhalb des Unternehmens Edel AG. Die Ableitung von Erfolgsfaktoren für die aktive Steuerung der Unternehmenskultur im Kontext von innerer und äusserer Kommunikation bildet eine praxisnahe Vertiefung der normativen Dimension.

Band 3: Erschliessung neuer Geschäftsfelder

Swen Postels: Betreibermodell für Software-as-a-Service Podukte am Beispiel von professionellem IT-Service-Management.

Sabine Kerum: Die zukünftige Rolle des Pharmaaußendienstes in einem sich verändernden gesundheitspolitischen Umfeld in Deutschland am Beispiel der Muster Pharma GmbH.

Bei **Band 3** steht die Erschliessung neuer strategischer Geschäftsfelder im Vordergrund. Gerade im Kontext von Wandel und Innovationsbereitschaft wesentlich, folgen in diesem Band Analysen bestehender und ableitend daraus die Untersuchung der Gründung neuer strategischer Geschäftsfelder. Die Entwicklung der Idee bis hin zur Prüfung auf Praktikabilität und der Überführung in einen Businessplan werden am Beispiel der Sitgate AG aus dem Bereich der Informationstechnologie dargestellt. Anknüpfend an den integrativen Managementansatz wird zur gelungenen Abrundung des Bandes - und gerade auch im Kontext von gesellschaftlichem Wandel und Veränderungen in Organisationen wesentlich - die Modifizierung von Vertriebsmodellen am Beispiel des deutschen Pharmamarktes diskutiert. Besonderer Schwerpunkt liegt dabei auf den Aspekten Mitarbeiterführung und -entwicklung als Träger von Veränderungsprozessen.

Band 4: Integriertes Key-Account-Management

Hans-Jörg Lindner: Zentrale versus dezentrale Struktur des internationalen Key-Account-Managements mittelständischer Automobil-Zulieferer.

Joachim Schmid: Lean-Management – Lean Sales Process: Konzeption zur systematischen Einführung eines idealen Verkaufsprozesses, basierend auf den Lean Management Methoden im Verkauf und Marketing, für den Groz-Beckert Konzern.

Roger Affeltranger: Evaluation of a National Key Account Management Concept within Selceted Market Organisations of Mettler Toledo Process Analytics.

Band 4 setzt sich anhand von drei Beiträgen mit Möglichkeiten der ganzheitlichen Struktur- und Prozessgestaltung im Sales- und Marketingbereich auseinander. Der erste Beitrag greift dazu die Frage auf, wie zentral oder dezentral ein globales Key Account Management sein sollte und beleuchtet diese Thematik am Beispiel eines mittelständischen Automobil-Zulieferers. Es werden Handlungsempfehlungen sowie zentrale Erfolgsfaktoren abgeleitet, die bei der Restrukturierung eines Grossabnehmer-Vertriebes zu berücksichtigen sind. Der zweite Beitrag untersucht die Auswahl und Implementierung des idealen Verkaufsprozesses für den Groz-Beckert Konzern. Ableitend aus der Analyse des Ist-Zustandes im Kundenbeziehungsmanagement wird eine Soll-Konzeption basierend auf der Lean Management Theorie vorgestellt. Im letzten Beitrag erfolg eine kritische Auseinandersetzung mit den strategischen Herausforderungen bei der Implementierung eines integrierten Key Account Managements am Beispiel der Mettler-Toledo Process Analytics AG.

Band 5: Produktmanagement im Einzelhandel und der Medienwelt

Nina Diana Tebartz: Der strategische Prozess der Produktentwicklung am Beispiel der Muster GmbH.

Wilfried Wüst: New TV Chancen und Risiken für Medienunternehmen.

Dauerhafte Markterfolge eines Unternehmens sind immer auch Ergebnis eines professionellen Produktmanagements. **Band 5** widmet sich mit zwei Beiträgen genau diesem Thema. Am Beispiel der mittelständischen Muster GmbH wird zunächst insbesondere der Prozess der Produktentwicklung, der zentraler Bestandteil des Muster-Produktmanagements ist, diskutiert. Über die Analyse und Bewertung der bestehenden Produktsegmente erfolgt die Darstellung des strategischen Prozesses für die Produktentwicklung in dieser Unternehmung. Im zweiten Beitrag wird die zukünftige Entwicklung im Medien- und Telekommunikationsmarkt durch den Einfluss der digitalen Informationstechnologien thematisiert. Anhand von Kennzahlen erfolgt die Darstellung des aktuellen Stands. Mittels Markterhebungen werden die zukünftige Entwicklung prognostiziert sowie Handlungsoptionen für die Marktteilnehmer aufgezeigt.

Band 6: Strategische Planung & Controlling

Thomas Schuler: Kritische Auseinandersetzung mit den Steuerungsgrössen EBIT und Cash Flow und deren Bedeutung in wirtschaftlich unsicheren Zeiten.

Thomas Schwarz: Grundlagen des Geschäftsrisiko-Managements in Kreditinstituten unter Berücksichtigung der Auswirkung der Finanzmarktkrise 2008/2009.

Tamara Garny: Grobkonzept für ein Planungs- und Controllingsystem im Schweizerischen Versicherungsverband.

Um die aktuellen und zukünftigen Managementaufgaben erfolgreich zu erfüllen, ist es immer entscheidender, die ganzheitlichen Zusammenhänge und Wirkungsmechanismen in Unternehmen zu verstehen und mit dem betriebswirtschaftlichen Wissen und Steuerungsinstrumenten zu vernetzen. **Band 6** greift diese hochbrisante Thematik auf und befasst sich mit den Themen strategische Planung und Controlling. Der erste Beitrag leitet mit einer theorieorientierten Betrachtung der Steuerungsgrössen EBIT und Cash Flow ein, um ein einheitliches Verständnis dieser beiden Steuerungsgrössen im unternehmerischen Alltag zu schaffen. Der Praxistransfer erfolgt am Beispiel der R&A AG – ein Musterunternehmen tätig in der Metallindustrie. Im zweiten Beitrag geht es um die analytische und konzeptionelle Betrachtung des Geschäftsrisikomanagements unter besonderer Berücksichtigung der Identifizierung von Geschäftsrisiken. Es werden in der Praxis anwendbare Modellansätze für das ganzheitliche Management von Geschäftsrisiken in Kreditinstituten vor dem Hintergrund der Finanzmarktkrise erörtert und diskutiert. Im Mittelpunkt des dritten Beitrags steht die Entwicklung eines Planungs- und Controllingsystems zur Steuerung der Aktivitäten des Schweizerischen Versicherungsverbandes. Der Schwerpunkt des Beitrags liegt dabei auf der Planung als grundlegendes Steuerungsinstrument.

Band 7: Planen & Optimieren

Armin Huerlimann: Businessplan für Beratungsfirma im Bereich der Kommunikationstechnologie: „Optimierte Geschäftsprozesse durch den Einsatz moderner Kollaborationstechnologien"

Alexander Hust: Ausbau der Kosten- und Leistungsrechnung in einem Industriebetrieb zu einem Führungsinstrument: Erweiterung der starren Planungskostenrechnung zu Vollkosten zur Managementerfolgrechnung

Band 7 widmet sich als dem breiten Themenspektrum von „Planen und Optimieren" und greift mittels unterschiedlich gelagerter Beiträge wesentliche Faktoren der erfolgreichen Führung der Unternehmung auf. Der erste Beitrag beschäftigt sich mit der Optimierung von Geschäftsprozessen durch den Einsatz moderner Kollaborations-Technologien. Im Fokus steht hierbei die optimale Unterstützung des Kerngeschäfts einer Firma durch den Einsatz moderner Kommunikations- und Kollaborationstechnologien sowie die Umsetzung dieser nötigen Leistungen im Rahmen einer zu gründenden Beratungsfirma für welche ein fundierter Businessplan erarbeitet wird. Im zweiten Beitrag wird der Ausbau der Kosten- und Leistungsrechnung in einem Industriebetrieb zu einem Führungsinstrument behandelt. Ziel dieses Textes ist die Weiterentwicklung der aktuellen Rechnungswesenlandschaft bei der Lenser Filtration GmbH zu einer Kosten- und Leistungsrechnung, die den Anforderungen eines führungsorientierten Management Accounting gerecht wird. Hierzu wird zunächst die momentane Rechnungswesenlandschaft dargestellt und auf ihre Stärken und Schwächen hin untersucht, um darauf aufbauend den Ausbau zu einem Führungsinstrument zu erläutern.

Band 8: Transfer & Auslagerung

Hagen Höhl: Outsourcing und Offshore / Onshore / Nearshore: Warum Outsourcing? Wie werden verlagerungsfähige Leistungen identifiziert?

Thomas Gazlig: Erfolgreicher Technologietransfer durch Relationship-Management: Eine Strategie für die Gesundheitsforschung am Beispiel der Helmholtz-Gemeinschaft

Gerade in Zeiten turbulenter Umbrüche rücken immer häufiger sogenannte „Marke or Buy Entscheidungen" ins Zentrum des unternehmerischen Radars. Damit einhergehend spielen eine Konzentration auf Kernkompetenzen, der Aufbau von Know-how bzw. auch der Transfer von Wissen und Technologien eine zunehmend bedeutsame Rolle. Aus diesem Grunde steht der **Band 8** ganz im Zeichen des Themenkreises „Transfer und Auslagerung". Outsourcing beschreibt mit einem Wort eine Vielzahl von solchen Möglichkeiten, die sich im Laufe der letzten Jahre entwickelt haben. Diese werden im ersten Beitrag aufgegriffen und mit den Begrifflichkeiten Off-, On- und Nearshoring konfrontiert. Nach einer detaillierten Auseinandersetzung mit Möglichkeiten und Grenzen der Identifikation verlagerungsfähiger Leistungen werden sowohl ein Fragekatalog, der sog. Verlagerungs-Check sowie vor Off- bzw. Onshore-Entscheidungen zu überprüfende Kriterien erarbeitet. Der zweite Beitrag soll dazu beitragen, Innovationspotenziale an der Schnittstelle von Grundlagenforschung und Wirtschaft besser auszuschöpfen. Hierbei muss sich der Technologietransfer auf neue Anforderungen einstellen d.h. Transfereinrichtungen sind gefordert sich auf Kernkompetenzen fokussieren und gleichzeitig den Wandel von der Technologie- zur Nutzenorientierung vollziehen. Dabei gewinnt insbesondere die Initiierung und aktive Gestaltung von Beziehungen zwischen Wissenschaftlern und Unternehmensvertretern als Schlüsselelement erfolgreichen Technologietransfer an Bedeutung. Der Beitrag endet der Vorstellung des sog. „Relationship-Management-Konzepts" – einem Vorschlag zur praxisrelevanten Umsetzung dieser Erfordernis.

Band 9: Wettbewerb & Marktbearbeitung

Simone Bliem: Wettbewerbs- und Marktbearbeitungsstrategie für den E-Participation Markt in Deutschland

Wolfgang Blender: Selektive Argumentation von Alleinstellungsmerkmale in Abhängigkeit von Kundensegment, Mitbewerbern und Persönlichkeitstypen am Beispiel des Kaba Zeiterfassungsterminals B-web 93 00

Märkte als Orte des Zusammentreffens von Angebot und Nachfrage sowie auch Wettbewerbsschauplätze sind mit die wesentlichsten Elemente unseres Wirtschaftssystems. **Band 9** beschäftigt sich daher mit den Bereichen Wettbewerb und Marktbearbeitung. Der erste Beitrag analysiert Wettbewerbs- und Marktbearbeitungsstrategien für den E-Participation Markt in Deutschland. Mittlerweile ist E-Participation in Deutschland zunehmend Gegenstand von Ausschreibungen der öffentlichen Verwaltung, sei es als ein Teilbereich von E-Government-Projekten im Sinne eines Qualitätsmerkmals oder als ausschließliches E-Participation-Projekt. Nach umfassenden Analyse wird eine Wettbewerbs- und Marktbearbeitungsstrategie für den E-Participation Markt in Deutschland erarbeitet. Innovationen in Produkte und Prozesse sind heute unerlässlich für Unternehmen, die am Markt dauerhaft erfolgreich sein wollen. Der zweite Beitrag beschäftigt sich mit der Generierung und selektiven Argumentation von Alleinstellungsmerkmalen. Hat man die Alleinstellungsmerkmale identifiziert, gilt es jeweils ein Concept Board dazu zu erstellen, das die Problemstellung des Kunden beschreibt, die Innovation darstellt, den Kundennutzen umschreibt und ihn belegt, um am Ende einen kurzen Slogan daraus zu formen, der möglichst einprägsam ist.

Band 10: Produkt & Vermarktung

Iris Maria Ziegler: Combining Quality by Design with a Minimalism Approach to Improve the Value Chain and Profitability of the Pharmaceutical Industry.

Eva-Maria Tomic: Das Marketinginstrument „Messe" und die Bedeutung einer effektiven Erfolgskontrolle

Erwin Thom: Entwicklung eines Programms zum Informationsschutz und seiner Implementierung für die Gesellschaften des Bayer-Konzerns in der Volksrepublik China

Band 10 widmet sich dem breiten Themenbereich von Produkt und Vermarktung. Dabei beschäftigt sich der erste Beitrag von Iris Ziegler in englischer Sprache mit der Kombination von „Quality by Design" (QbD) und einem minimalistischen Ansatz zum Zwecke der Optimierung der Value Chain und Profitabilität in der Pharma Industrie. Dabei stellt sich heraus, dass QbD sowohl die Forschung nach besseren medizinischen Produkten als auch nachhaltiges Wachstum der Unternehmung zielführend fördert. Im zweiten Beitrag von Eva-Maria Tomic wird das Marketinginstrument „Messe" und deren Bedeutung für eine effektive Erfolgskontrolle im Detail beleuchtet. Ziel ist dabei die Herleitung eines proaktiven und umsichtigen Messemanagements unter Hinzuziehung verschiedenster Controllingansätze, die dieses Marketingtool optimieren helfen. Dabei stellt sich erwartungsgemäss heraus, dass eine gute Messekontrolle mit einer klaren, quantifizierbaren Zielsetzung steht und fällt. Richtig implementiert trägt ein integriertes Messemanagement vielseitig zur Erreichung der Unternehmensziele bei. Der dritte Artikel von Dr. Erwin Thom beruht auf einer Analyse zur Verbesserung der Situation des Informationsschutzes in den Gesellschaften des Bayer-Konzerns in der Volksrepublik China. Das daraus entstandene ganzheitliche Programm zur Informationssicherheit „Framework for Information Security und Risk-Management" beruht auf einem stabilen Architekturmodell und berücksichtigt dabei sowohl lokale als auch globale Anforderungen. Ein konkretes Change-Management-Konzept zur Umsetzung des Programms rundet die Arbeit ab.

Band 11: Projektmanagement & Prozessoptimierung

Frank Weinfurth: Lösungsansatz für die Herausforderung in der Beratung bei ERP-Einführungsprojekten in KMU

Gabriel Alain Fechir: Ausbau der Projektmanagement-Kompetenz bei der Focus-Insight Consulting GmbH zur Anpassung an wachsende Anforderungen

Gerade in schnelllebigen Zeiten mit erhöhten Unsicherheiten gewinnt der Ansatz der projektbasierten Organisation als auch die Optimierung von Prozessen zunehmend an Bedeutung, welchen Thematiken sich **Band 11** widmet. Frank Weinfurth steuert hier in einem ersten Beitrag einen Lösungsansatz für Herausforderungen in der Beratung von ERP-Einführungsprojekten, insbesondere für KMU, bei. Dieser Ansatz basiert primär auf der Idee, die eigene, evolutorisch entwickelte Projektkompetenz und -effizienz auch den Kunden im Rahmen des gemeinsamen Projektes zur Verfügung zu stellen. Mit dem konkreten Ausbau der Projektmanagement-Kompetenz innerhalb einer Consulting-Unternehmung beschäftigt sich der zweite Beitrag von Gabriel Alain Fechir. Dabei werden aus einer fundierten, ganzheitlichen Analyse des Projektmanagements des Unternehmens konkrete Harmonisierungs- und Optimierungsansätze erarbeitet und so auf eine Institutionalisierung des Projektmanagements hingesteuert. Insbesondere bei umfangreichen Projekten lässt das Ergebnis Einsparungen und so einen konkreten monetären Nutzen erwarten.

Band 12: General Management & Strategie

Daniel L. Rüedi: Die Zukunft des „Index X" – Re-Launch oder Marktaustritt?

Thomas Grün: Integriertes Management in deutschen Sparkassen.

Ingrid Schwaiger: Reorganisations in the European Commission. Lessons learned from the past and strategic considerations for the future.

Vor dem Hintergrund der integrierten Abstimmung von Einzelmassnahmen mit der Gesamtunternehmung und deren Zielen beschäftigt sich **Band 12** mit den umfassenden Bereichen von General Management und Strategie. Dabei thematisiert in einem ersten Beitrag Daniel L. Rüedi die Zukunft des Produktes „Index X" der in der Verlagsbranche tätigen Muster AG, eines Marktdienstleisters im baunahen Umfeld und rückt dabei die Optionen Re-Launch oder Marktaustritt in den Fokus. Es wird der Informationsservice „Index X" näher analysiert und Impulse für dessen kundenorientierte Neupositionierung erarbeitet. Thomas Grün beschäftigt sich im zweiten Artikel mit dem St. Galler Konzept Integriertes Management und setzt dieses in den spannenden Kontext des mittlerweile häufig diskutierten Bank- und Sparkassenwesens. Sparkassen sind dabei aufgrund einer spezifischen Gesetzeslage als Anstalten öffentliches Rechts primär im Sinne eines Stakeholder-Ansatzes organisiert und aus normativer Perspektive eher pluralistisch und gesellschaftlich aufgestellt, was insbesondere aus dem Blickwinkel des St. Galler Gedankenguts interessante Erkenntnisse verspricht. Den Abschluss des Bandes bietet der englischsprachige Beitrag von Ingrid Schwaiger, die sich mit Reorganisationsprozessen einer Organisation höherer Ebene – der Europäischen Kommission – beschäftigt und dabei vergangene Lessons Learned und zukünftige strategische Überlegungen thematisiert. Das St. Galler Konzept Integriertes Management wird dabei mit speziellen Charakteristiker einer Institution auf Europäischer Ebene kombiniert – also eine umfassende Perspektive eingenommen und verschiedene Teilaspekte der Reorganisation punktuell herausgegriffen.

Band 13: Der Kunde im Fokus

Maura Trumpp: Global Customer Satisfaction survey – Fresenius Kabi as Provider of Generic I. V. Drugs

Bernd Frühwald: Analyse zur Effizienzsteigerung des Produktentwicklungsprozesses und Umsetzungsplanung bei Bühler Motor GmbH.

Enrico Kehding: Strategische Management als Instrument der Geschäftsmodellentwicklung zur Unternehmensgründung – alternative Vertriebsform für Baby und Kinderaustattung

Band 13 befasst sich mit dem Themenspektrum von Marketing und Verkauf. Unter dem Titel «Global Customer Satisfaction survey – Fresenius Kabi as Provider of Ge-neric I. V. Drugs» widmet sich Maura Trumpp dem Bereich der Kundenbedürfnisse und -erwartungen. Die Autorin stellt die Kundenzufriedenheit hinsichtlich Fresenius Kabi ins Zentrum der Ausführungen und erhebt, welche Anforderungen Kunden in Zukunft an Pharmazeutika stellen. Im zweiten Beitrag behandelt Bernd Frühwald die «Analyse zur Effizienzsteigerung des Produktentwicklungsprozesses und Umsetzungsplanung bei Bühler Motor GmbH». Dabei werden Vorgehensweisen der Effizienzanalyse des Produktentwicklungsprozesses systematisch strukturiert abgearbeitet und fünf bereits abgeschlossene Entwicklungsprojekte analysiert. Auf Basis dieser Ergebnisse sowie Interviews mit internen Kunden und Lieferanten können kurz- und mittelfristige Massnahmen zur Effizienzsteigerung abgeleitet sowie langfristige Strategien erarbeitet werden. Ein gesamtes Business Modell vor Augen behandelt Enrico Kehding das «Strategische Management als Instrument der Geschäftsmodellentwicklung zur Unternehmensgründung – alternative Vertriebsform für Baby und Kinderaustattung». Im Fokus steht die Untersuchung des Konsumverhaltens junger Eltern auf Basis einer Online-Befragung sowie zugänglicher Studien. Anschliessend werden auf Basis gewonener Erkenntnisse strategische Optionen zur Beantwortung einleitender Zielsetzungen entwickelt.

Band 14: Optimierung von Prozessen und Projekten

Kevin Schmidhauser: Prozessmanagement im Mittelstand. Theorie – Vorgehensweisen und Fallstudien.

Armin Bredel: The Role of Institutional Investors in Financing Industrial Projects. Taking Project Financing to a new level?

Band 14 setzt unternehmensinterne Abläufe und Projekte in den Fokus. Eine unübersichtliche Vielzahl unterschiedlicher Konzepte und Methoden stellt speziell kleinere und mittelständische Unternehmen vor die Herausforderung, Prozessmanagement gewinnbringend einsetzen zu können. Im ersten Beitrag erläutert Kevin Schmidhauser das «Prozessmanagement im Mittelstand. Theorie – Vorgehensweisen und Fallstudien.» Dieser Beitrag setzt sich kritisch mit den theoretischen Grundlagen diverser Konzepte auseinander und erarbeitet eine zielgerichtete und ressourcenschonende Vorgehensweise für ein Prozessmanagement-Projekt in einem KMU. Armin Bredel nimmt in seinem Text «The Role of Institutional Investors in Financing Industrial Projects. Taking Project Financing to a new level?» eine eher finanzzentrierte Perspektive ein. Sich entwickelnde Märkte sind für Investments durch Pensionsfonds von besonderem Interesse. Dabei suchen Pensionsfonds nach Investitionen die ein entsprechend niedriges Risiko in sich bergen. Somit spielt in der Finanzierung industrieller Projekte insbesondere der Ausgleich von Chancen und Risiken eine wesentliche Rolle. Bei einer ganzheitlich geplanten und umsichtigen Einbindung von Pensionsfonds in die Projektfinanzierung grösserer Industrieprojekte wird deutlich, dass ein Benefit für sämtliche Stakeholder geschaffen werden kann.

Band 15: Analysieren, Bewerten, Kontrollieren

Laurin David Friedrich: Chancen und Risiken für Unternehmen der euro-päischen Rüstungsindustrie in Zeiten sinkender Budgets.»

Anna Dirksen: Branchenorientierte Unternehmensbewertung am Beispiel einer mittelständischen Unternehmung im Sondermaschinenbau

Daniel Voss: Projektcontrolling – Theoretischer Ansatz und praktische Einführung bei der TUI Service AG

Band 15 widmet sich unter dem Titel «Analysieren, bewerten, kontrollieren» typischen betriebswirtschaftlichen Fragestellungen und zeigt, mit welchen Denkansätzen diese zu lösen sind. Im ersten Beitrag beschäftigt sich Laurin David Friedrich mit «Chancen und Risiken für Unternehmen der europäischen Rüstungsindustrie in Zeiten sinkender Budgets.» Umfassende Basisanalysen der Veränderungen von Märkten ergeben hierbei ein ganzheitliches Bild der wehrtechnischen Industrie. Veränderungen zugunsten eines einheitlichen EU-Marktes würden eine Konsolidierung weniger grosser Player nach sich ziehen, die im Wettbewerb mit US- Rüstungsfirmen bestehen könnten. Im Zentrum der Ausführungen von Anna Dirksen unter dem Titel «Branchenorientierte Unternehmensbewertung am Beispiel einer mittelständischen Unternehmung im Sondermaschinenbau» stehen industrie-ökonomische Analysen von Branchen und Märkten, um die langfristige Entwicklung von Unternehmungen besser beurteilen und prognostizieren zu können. Untersucht wird, inwiefern die Darstellung und Analyse der Branche für die Bewertung eines Unternehmens notwendig sind. Der Beitrag «Projektcontrolling – Theoretischer Ansatz und praktische Einführung bei der TUI Service AG» von Daniel Voss vervollständigt vorliegenden Band. Dabei wird Projektmanagement als Führungsaufgabe verstanden, in dessen Zentrum die Veränderung respektive Neuentwicklung von Prozessen, Systemen oder Prob-lemlösungen stehen. Eine Möglichkeit zur Etablierung eines effektiven und effizienten Projektmanagements ist die Einführung und Verankerung eines entsprechenden Projektcontrollings, das Projektplanung, -steuerung und -kontrolle mit dem Unternehmenscontrolling verbindet. Resümierend stellt sich heraus: «Projektcontrolling kostet Geld. Kein Projektcontrolling kostet noch mehr Geld!».

Inhaltsverzeichnis der ausgewählten Diplomarbeiten

Produkt- und Marktstrategie für ProRC 1
J. Schmidt

Entwicklung eines Business Plans für das Unternehmensgründungsprojekt
AUBERG® 89
Michael Klade

Beispiele von Diplomarbeiten 2014 (Auszug) 182

Produkt und Marktstrategie für ProRC

J. Schmidt

Inhaltsverzeichnis

Abkürzungsverzeichnis 4
1. Einleitung 6
   1.1. Geschäftsgebiet 6
   1.2. Ausgangslage 6
   1.3. Rahmenbedingungen 8
      1.3.1. Organisatorische Rahmenbedingungen 8
      1.3.2. Technische Rahmenbedingungen 8
   1.4. Problemstellung und Zielsetzung 8
2. Marktübersicht 9
3. Situationsanalyse 12
   3.1. Produktdefinition 12
      3.1.1. Kundenintegration 13
      3.1.2. Bisherige Produktentwicklung 13
      3.1.3. Bisher angebotenes Produktportfolio 14
   3.2. IST-Aufnahme der Kundenbedürfnisse 15
      3.2.1. Verkaufsmodell 16
   3.3. Marktanalyse 17
      3.3.1. Marktsegmentierung 17
      3.3.2. Marktkapazität 17
      3.3.3. Marktpotential 18
      3.3.4. Marktvolumen 18
      3.3.5. Sättigungsgrad 19
      3.3.6. Ist-Portfolio 19
      3.3.7. Konklusion aus der Marktanalyse 21
   3.4. Konkurrenzanalyse 23
      3.4.1. Segmentierung 23
      3.4.2. Marktanteile 24
      3.4.3. Leistungsübersicht der Wettbewerber 24
      3.4.4. Bewertung der Wettbewerber 26
   3.5. Verhaltensanalyse 35
   3.6. Zusammenfassung 36
4. Produktkonzept 37
   4.1. Ausgangslage 37
      4.1.1. Dokumentenprüfung 38
      4.1.2. Prozesse und Auswertungen 38
   4.2. Optionen für die Zukunft 39
      4.2.1. Differenzierung 40

4.2.2. Diversifikation 50
4.2.3. Technische Weiterentwicklung 55
4.3. Zusammenfassung 56

5. Portfolioanalyse 57
   5.1.1. Kriterien für Marktattraktivität 58
   5.1.2. Kriterien für Wettbewerbsstärke 58
   5.2. Bewertung der Optionen 59
      5.2.1. Selektiver Ausbau 59
      5.2.2. Ausbau mit Investitionen 60
      5.2.3. Position verteidigen 60
      5.2.4. Selektion und abwarten 60

6. Marktkonzept 61
   6.1. Strategische Märkte 62
   6.2. Plausibilitätsprüfung 62
   6.3. Prozessoptimierung für Werkstätte 64
   6.4. Schadensteuerung und Management Information 66
   6.5. Nächste Schritte 67
   6.6. Zusammenfassung 68

7. Konklusion 68

8. Ausblick 70

9. Appendix – Bewertungskriterien für die Portfolios 71
   9.1. Bewertungstabellen für die Optionen aus dem Produktkonzept ... 71
      9.1.1. ProRC in der bisherigen Form 71
      9.1.2. Prozessoptimierung Werkstatt 72
      9.1.3. ProA 73
      9.1.4. Schadensteuerung 74
      9.1.5. Management Information 75
      9.1.6. Plausibilitätsprüfung 76
      9.1.7. Diversifikation 77
   9.2. Bewertungstabellen für das Kundenportfolio 78
      9.2.1. Versicherung 78
      9.2.2. Sachverständiger 79
      9.2.3. Werkstatt 80
      9.2.4. Leasing & Fleet 81
   9.3. Bewertungstabelle für das Produktportfolio 82

Glossar 83

Literaturverzeichnis 84

Abbildungsverzeichnis

Abbildung 1: Marktaufteilung nach Versicherungstyp 18
Abbildung 2: Kundenportfolio 20
Abbildung 3: Lebenszykluskurve 22
Abbildung 4: Marktsegmentierung der Wettbewerber 23
Abbildung 5: Marktanteile 24
Abbildung 6: Stärke-Schwäche Bewertung der Wettberber – Produktsicht 27
Abbildung 7: Stärke-Schwäche Bewertung der Wettberber – Marktsicht 28
Abbildung 8: SWOT für Wettbewerber 1 30
Abbildung 9: SWOT-Analyse für Wettbewerber 2 31
Abbildung 10: SWOT-Analyse für Wettbewerber 3 32
Abbildung 11: SWOT-Analyse für Wettbewerber 4 32
Abbildung 12: SWOT-Analyse für Wettbewerber 5 33
Abbildung 13: SWOT-Analyse für Wettbewerber 6 34
Abbildung 14: Grundkonzept für das zukünftige Leistungsangebot 39
Abbildung 15: Fokus für das Produktkonzept 40
Abbildung 16: Schadenabwicklung mit dem Schadenzentrum 52

Abkürzungsverzeichnis

Abb.	Abbildung
APQP	Advance Product Qualtiy Plan
BSC	Balance Score Card
bzw.	Beziehungsweise
DACH- Ländern	Deutschland, Österreich und Schweiz
DFM	Design for Manufacturing
DIN EN	Deutsches Institut für Normung
FMEA	Fehlermöglichkeits- und Einflussanalyse
FTA	Falt Tree Analyses
FDCT	Front Dobule Clutch Transmission
ggf	Gegebenenfalls
HK	Herstellungs- Kosten

HW	Hardware
HoQ	House of Quality
ISO-Norm	Internationalen Organisation für Normung
life-cycle-cost	Kosten über die Lebensdauer des Produktes
QFD	Quality Function Deployment
VDA	Verband der Automobilindustrie
VDI	Verein Deutscher Ingenieure e.V
CAD	Computer Addit Design
TEP	Technologie Entwicklungsprozess
PDCA	Plan Do Check Act
PEP	Produktentstehungsprozess
PDM	Produkt Daten Managment
PPP	Pre-Production Process
RPZ	Risikoprioritätszahl
ROI	Return of Investment
R&D	Research & Development
SC	Steering Committee
SE	Simultanes Engineering
SOP	Start of Production
SWOT	Strength Weakness Opportunities Threats
SW	Software
Tab.	Tabelle
TP	Teilprojekt
TQM	Total Quality Management
z.B.	zum Beispiel

1. Einleitung

Diese Diplomarbeit beschäftigt sich mit einem Produkt der Firma XY. Diese gehört zum Konzern YZ. *[Aus Gründen der Vertraulichkeit wurden Teile der vorliegenden Publikation gekürzt und anonymisiert]*

1.1. Geschäftsgebiet

XY bietet Software zur Optimierung der automotiven Schadensabwicklung für Autos für Versicherungen, Werkstätte, KFZ-Sachverständige, Leasingfirmen, Flottenfirmen und Dienstleister. XY hat vor über 40 Jahren mit der Schadenskalkulation angefangen, d.h. basiert auf erfasste Teile eine Berechnung der Reparaturkosten basiert auf Herstellervorgaben (z.B. Ersatzteilpreise, Reparaturzeiten, Lackierzeiten) vorzunehmen. Diese Kalkulation dient weltweit für viele KFZ-Versicherungen als Grundlage der Schadenregulierung.

Optimierung der Schadensabwicklung bedeutet einerseits Optimierung der Prozesse anderseits Reduzierung der (Reparatur)kosten.

Das webbasierte XY Schadenportal „XYnet" bietet den Teilnehmer des Schadenprozesses Kommunikation und zusätzliche Produkte ergänzend zur Schadenskalkulation (z.b. Fahrzeugidentifikation, Ersatzteilsuche). Eines dieser Produkte ist ProRC mit dem wir uns hier intensiv beschäftigen werden.

Die Schadenskalkulation kommt in 2 Varianten, einmal für Autoschäden (die Schadenskalkulation) und einmal für Service und Wartungsreparaturen (SMR – Service Maintenance Repair).

ProRC bietet eine elektronische automatisierte Prüfung von Schadens-kalkulationen (auch Kostenvoranschlag genannt) basiert auf kundenspezifische Regeln.

1.2. Ausgangslage

Das "ProRC" Produkt wurde 2008 erfolgreich auf den deutschen Markt lanciert. Das Hauptziel vom Produkt war es Versicherungen eine kundenspezifische Prüfung von Kostenvoranschlägen die sie von Werkstätten empfangen, anzubieten womit automatisiert Entscheidungen getroffen werden können und eine (zum Teil) automatisierte Schadensregulierung realisiert werden kann.

Deutschland ist der Markt mit den meisten Kunden sowie das größte Abnahmevolumen und gilt daher als Referenzmarkt für das Produkt.

Seit der Einführung wurde das Produkt mit weiteren Funktionen erweitert und auch im Osteuropäischen Markt verkauft.

Später wurde eine komplett neue Version (unabhängig von der alten Version) entwickelt für den US-Amerikanischen Markt. Es wurde eine neue Technologie verwendet und die Bedienbarkeit wurde deutlich verbessert.

Parallel dazu wurde die alte Version weiterverkauft und nur begrenzt weiterentwickelt.

Heute sind wir an einem Punkt gekommen wo die alte Version nicht mehr den Marktanforderungen gerecht werden kann. Dazu kommt, dass die neue Version mit US-spezifischen Anforderungen weiterentwickelt wurde und die Deutschen (und Europäischen) Anforderungen nur bedingt erfüllt.

Dazu kommt, dass es einige Wettbewerber gibt die sich auf Dokumentenprüfung spezialisiert haben und auch die Prüfung kombinieren mit Services für die Schadensteuerung für Versicherungen. Die Versicherungen wünschen verstärkt eine Schadensteuerung für alle automotive Schäden nach einheitlichen Kriterien. Eine einheitliche Entwicklung gelingt am besten wenn die Abwicklung von sämtlichen Schäden über einen Dienstleister abgewickelt werden können.

Zusammengefasst bewegen wir uns in einem stark umworbenen Marktes mit zwei Hauptherausforderungen

- Die Spezialisierung auf Dokumentenprüfung begrenzt sich auf ein paar wenige Wettbewerber
- Genau diese Wettbewerber drängen sich verstärkt in den Geschäftsbereich von XY vor

1.3. Rahmenbedingungen

1.3.1. Organisatorische Rahmenbedingungen

XY ist eine dezentral strukturierte Firma mit vielen Ländergesellschaften, einige Datenentwicklungszentren und ein geteiltes Entwicklungszentrum (shared cost center). Die einzelnen Ländergesselschaften sind vollumfänglich für den Vertrieb in ihrem Markt zuständig. Die Länder beauftragen je nach Marktbedürfnissen das Entwicklungszentrum in Zürich Software für ihre Kunden zu liefern. In 2007 wurde eine Neuentwicklung vom Produkt „ProRC" beauftragt. Vertrieben werden alle Produkte aber direkt aus der Deutschen Ländergesellschaft.

1.3.2. Technische Rahmenbedingungen

Das Schadenportal XYnet hat den entscheidenden Vorteil dass es alle relevanten Parteien im Schadenabwicklungsprozess miteinander verknüpft. D.h. die Parteien können untereinander kommunizieren, sei es via die Benutzeroberfläche oder via Webservices. Der gesamte Prozess von Schadenmeldung bis zur Schadenregulierung kann damit abgedeckt werden.

Die Integration in bestehende Back-Office Systeme oder Kommunikationsnetzwerke ist durch Webservices gegeben.

Die einzelnen Services können kundenspezifisch im Prozess eingebunden werden je nach Bedarf. Wir nennen das Konzept „value adding Services" weil diese Services basiert auf eigenem Kundennutzen eigenständig verkauft werden. Diese Services können zu 80% per Systemkonfiguration im Prozess aktiviert werden, d.h. ohne auf Softwarereleases warten zu müssen.

1.4. Problemstellung und Zielsetzung

Die Problemstellung dieser Arbeit ist wie folgt

- Momentan werden drei verschiedene Produktvariationen parallel betrieben die zu 80% das gleiche fachliche Problem lösen

- Das Produkt wurde nicht auf die Marktverhältnisse hin weiterentwickelt. U.a. wurde die Wettbewerbssituation nicht genügend berücksichtigt
- Es gibt verstärkt Anforderungen für automatisierte Verfahren zur Schadenregulierung die wir mit dem ProRC Produkt nicht abdecken können

Um auf diese Problemstellung eine Antwort zu finden wird in dieser Seminararbeit eine Produkt- und Marktstrategie für das Produkt ProRC entwickelt.

Die folgenden Analysen sollen zu diesem Ziel führen.

- Eine Situationsanalyse die u.a. Kundenbedürfnisse, Marktanalyse, Kundenstrukturen und Leistungen der Wettbewerber abdeckt
- Im Produktkonzept werden mögliche Produktoptionen für die Zukunft analysiert
- Die Produktoptionen werden mittels Portfolioanalyse unter Berücksichtigung der Wettbewerbsanalyse bewertet
- Abschließend wird im Marktkonzept die Strategien für die identifizierten Produktoptionen beschrieben

Die Analysen werden sich auf den deutschen Markt konzentrieren. Wo relevant werden Erfahrungen aus anderen Märkten mit einbezogen.

2. Marktübersicht

Die Abwicklung für versicherte Autoschäden wird hauptsächlich von den KFZ-Versicherungen getrieben. Sie beauftragen die Werkstätte oder Sachverständige und erteilen Reparaturfreigaben. Für die Qualität der Reparatur unterliegt die Versicherung Gesetzlichen Rahmenbedingungen (§249 des Bürgerliche Gesetzbuches)[14]

„Wer zum Schadensersatz verpflichtet ist, hat den Zustand herzustellen, der bestehen würde, wenn der zum Ersatz verpflichtende Umstand nicht eingetreten wäre."

Die Versicherungen versuchen aber die Reparaturkosten so niedrig wie möglich zu halten und haben daher ein Großes Interesse an automatisierte Verfahren für die Schadenregulierung. Jeder Prozess der heute manuell läuft, morgen aber automatisiert werden kann, führt Kosteneinsparungen mit sich. Zu diesen Verfahren gehören unser ProRC sowie Lösungen zahlreicher Wettbewerber.

Wie bereits eingangs erwähnt, ist der Markt für diese Verfahren in Deutschland stark umkämpft. Bisher war XY sehr stark im Bereich Gesamtabwicklung eines Schadens, d.h. von Schadenmeldung bis hinzu Rechnungsstellung, Beauftragung, Kommunikation mit Werkstätten und Sachverständige inkl. automatisierte ProRC Prüfungen.

Jetzt gibt es Wettbewerber (die eine dokumentenbasierte Schadensabwicklung anbieten. D.h. die Versicherung übermittelt eine Schadenskalkulation, Werkstattrechnung in welchem Format auch immer und der Wettbewerber prüft die Rechnung nach versicherungs-spezifischen Kriterien und liefert ein Prüfergebnis zurück an die Versicherung. Gewisse Versicherungen machen sogar eine Dunkelverarbeitung, d.h. automatisierte Regulierung inkl. Auszahlung basiert auf dem Prüfergebnis. Dazu kommt, dass die Kommunikation mit der Versicherung durch den Wettbewerber kontrolliert wird.

Das angenehme für die Versicherung ist, dass sie sich gar nicht um die administrative Abwicklung des Schadens kümmern müssen.

Über die Automatisierung der Regulierung hinaus sind Versicherungen sehr daran interessiert ihre Schäden zu steuern. Steuerung kann sein

- eine Partnerwerkstatt zu beauftragen für kostengünstige Reparatur
- eine Fiktive Abrechnung veranlassen (d.h. Geld statt Reparatur)
- nur Sachverständige beauftragen wenn es wirklich gefordert ist

Mit diesen Steuerungen will die Versicherung die Regulierungskosten so weit wie möglich nach unten bringen. Mehrheitlich ist es so, dass die Versicherung diese Steuerungen an externe Dienstleister delegiert.

Weiter gibt es Versicherungen die Scoringsysteme für ihre Werkstätte einführen um herauszufinden wie effizient sie arbeiten. Diese Scoringsysteme basieren sich auf Auswertungen von Schadendaten kombiniert mit Eigenschaften der Werkstätte.

Je mehr die Versicherungen derartige Leistungen einkaufen und einsetzen desto mehr Kontrolle erkämpft sich die Versicherung über den Prozess und desto wichtiger wird es als Dienstleister im Prozess beteiligt zu sein. Dazu kommt, dass es für die Versicherungen einfacher ist alle Leistungen in einem Fachgebiet (z.B. „Steuerungsleistungen") aus einer Hand zu nehmen da die Abwicklung dadurch vereinfacht und vereinheitlicht wird. Es besteht also für die Dienstleister potenziell die Gefahr bestehendes Geschäft zu verlieren wenn man eine geforderte Leistung nicht erbringen kann. Es ist daher umso wichtiger als Dienstleister eine enge Systemintegration mit der Versicherung zu erreichen damit die Wechselkosten für Versicherung so hoch wie möglich gehalten werden.

Die Werkstätten haben mit der automatisierten Regulierung und der erhöhten Kontrolle ihrer KVAs und Rechnungen zu kämpfen. Sie müssen zum Teil gerichtlich vorgehen wenn die Versicherung den zu recht geschuldeten Betrag nicht zahlen will[5]. Es gibt aber auch positive Auswirkungen für die Werkstätte wenn sie in Kooperationsverträgen mit der Versicherung teilnehmen bekommen sie garantiertes Volumen, dadurch besser planbare Auslastung und eine schnellere Zahlung.

Im Allgemeinen haben die freien Sachverständigen[16] wenige Berührungspunkte mit den Prüfdienstleistern da die Prüfdienstleister nur dann Einfluss nehmen, wenn unberechtigte oder überhöhte Kosten im Gutachten vorhanden sind.

Die Prüfdienstleister haben aber durch ihre Prüfungen eine Marktbereinigung der Sachverständigenbranche vorangetrieben indem sie diejenigen Sachverständigen identifiziert haben die bewusst überteuerte Gutachten erstellt haben. In den Niederlanden z.B., werden 70% der Schadenfälle automatisiert abgewickelt, 25% über telefonische Beratung und nur in 5% der Fälle wird eine vor Ort Besichtigung durch einen Sachverständigen gemacht.

Die Kürzungen der Prüfdienstleister auf Sachverständigen-Gutachten müssen jeweils aus fachlichen Gründen zurückgewiesen werden, z.B. müssen Transportkosten für Reparaturbetriebe die keine eigene Lackkabine betreiben vergütet werden. Es gibt jedoch keine Transparenz darüber welche Kürzungen rechtlich vertretbar sind. Dies spielt insbesondere eine Rolle bei Gutachten die durch versicherungs-interne Sachverständige erstellt werden. Die Versicherung wird hier verstärkt Einfluss auf die Reparaturkosten suchen was im schlimmsten Fall finanzielle Auswirkungen für den Geschädigten haben kann.

3. Situationsanalyse

Im Folgenden wird die IST-Situation rundum das Produkt "ProRC" beschrieben. U.a. wird der deutsche Markt beschrieben, Marktdaten sowie eine Leistungsbeurteilung der Wettbewerber.

Zwei Begriffe sind für dieses Kapitel wichtig

- Strukturierte Daten sind Daten in einer vordefinierten Struktur die unmittelbar programmtechnisch weiterverarbeitet werden können
  - Umfasst u.a. XML, CSV, HTML, fixed-width Textdateien
- Unstrukturierte Daten sind Daten die keine vordefinierte Struktur haben und eine umfangreiche Bearbeitung fordern bevor sie programmtechnisch verarbeitet werden können
  - Umfasst gedruckte Papierdokumente (maschingeschrieben)

3.1. Produktdefinition

ProRC ist ein Produkt das aus Kundensicht wie folgt definiert werden kann

ProRC liefert

- *Prüfung von Kostenvoranschlägen und Rechnungen basiert auf kundenspezifischen technischen und/oder administrative Regeln evtl. mit Verwendung von Daten von Drittparteien*
- *Prüfergebnis als strukturierte Daten oder PDF-Bericht*
- *Limitierte Auswertungen über historische Ergebnisse*
- *Integration über Webservices*
- *Kundenprozessintegration im XY Schadenportal „XYnet"*
- *Management Information zur Qualifizierung von Werkstätten*

3.1.1. Kundenintegration

Das folgende Beispiel zeigt, wie ProRC in einem Kundenprozess integriert werden kann. Der Kunde integriert ProRC über Webservices. Die Werkstatt verwendet XYnet für ihre Schadensabwicklung.

Der Prozess fängt bei der Versicherung an: Ein Kunde meldet einen Autoschaden und die Versicherung beauftragt eine Werkstatt einen Kostenvoranschlag (KVA) für den Schaden zu erstellen. Wenn die Werkstatt den KVA zurückschickt, wird dieser automatisch durch ProRC geprüft und die Versicherung erteilt bei positivem Ergebnis eine Reparaturfreigabe an die Werkstatt. Wenn die ProRC Prüfung nicht in Ordnung ist wird der Schadenfall an die Werkstatt zurückgewiesen mit der Bitte den KVA anzupassen. Die Werkstatt sendet nachfolgend einen aktualisierten KVA der wieder durch ProRC geprüft wird – bis die Versicherung die (automatisierte) Reparaturfreigabe erteilen kann.

Ein paar Beispielprüfungen die ProRC bietet

- Verwendet die Werkstatt höhere Lohnfaktoren als vertraglich vereinbart?
- Beinhaltet der KVA Positionen die für die Reparatur nicht notwendig sind (z.B. Reinigungs – oder Transportkosten)?
- Gibt es nicht-plausible Kostenpositionen (z.B. Teile vorne und hinten)?
- Hat die Werkstatt manuell Ersatzteilpreise verändert?

3.1.2. Bisherige Produktentwicklung

Unten wird in Kurzform die bisherigen Produktvariationen beschrieben.

ProRC Version 1

- Hauptfokus: Prüfung einer Schadenskalkulation
- Nur eine limitierte Auswahl von sonstigen Schadendaten verfügbar
- Regeln werden abhängig vom Inputformat erstellt
- Komplexe Bedienbarkeit der Benutzeroberfläche

ProRC Version 2

- Hauptfokus: Prüfung von Kostenpositionen im Allgemeinen. Diese können aus einer Kalkulation oder Rechnung stammen
- Regeln werden unabhängig vom Inputformat erstellt
- Eigenständiges Data Dictionary dient als Basis der Regeln
- Intuitive Bedienung der Benutzeroberfläche mittels Wizardkonzept

ProRC Version 3

- Hauptfokus: Prüfung von sämtlichen Daten innerhalb eines Schadens möglich
- Weiterentwicklung von Version 2
- Benutzeroberfläche ist flexibler aber auch komplexer geworden
- Alle 3 Versionen werden heute produktiv genutzt.

3.1.3. Bisher angebotenes Produktportfolio

Im Deutschen Markt wurden bisher folgende Leistungen im Rahmen vom ProRC angeboten, wobei mit *ProRC* die oben beschriebene Kalkulationsprüfung gemeint ist:

- Automatisierte Prüfung auf strukturierte Daten mit Prüfbericht

ProG ist eine Lösung für die Abwicklung und Prüfung von Glasrechnungen.

- Die Prüfung basiert sich auf strukturierten Rechnungen
- Die Nachkalkulation basiert auf Standardvorgaben und dienst somit als Grundlage für den Regulierungsvorschlag der zusätzlich zum ProRC geliefert wird

ProS ist eine Lösung für die Abwicklung und Prüfung von Abschlepprechnungen.

- Prüfung basiert auf unstrukturierte Daten
- Prüfung wird in Kooperation mit einem Mitbewerber angeboten
- Wie bei der ProG erfolgt eine Nachkalkulation als Vorgabe für die Regulierung

- Wenn nötig wird eine Nachverhandlung mit dem Absender geführt
- Basiert auf das Ergebnis der Verhandlung wird eine Regulierungsvorgabe für die Versicherung geliefert

Wie wir sehen gibt es in ProG sowie ProS Elemente der Schadensteuerung. ProG liefert „nur" ein Regulierungsvorschlag anhand dem der Sachbearbeiter der Versicherung den Schaden regulieren *kann*. Bei der ProS *muss* der Sachbearbeiter nach der Vorgabe regulieren.

Erkennbar ist auch, dass wir keine unstrukturierte Dokumentenprüfung anbieten sondern hier auf die Kompetenz eines Mitbewerbers zurückgreifen.

3.2. IST-Aufnahme der Kundenbedürfnisse

Die folgende Tabelle zeigt eine Übersicht der momentanen Kundenbedürfnisse für das Produkt ProRC.

Die Bedürfnisse sind auf der Skala 1-5 bewertet, 1= höchste Priorität.

Nr.	Bedürfnis	Kunde	Prio
1	Auswertungen und Statistiken von ProRC Ergebnisse kombiniert mit Schadendaten	Alle	1
2	Durchlaufzeit vom Schaden monitoren. Kundennutzen - Durchlaufzeit vor und nach Einsatz von ProRC - Durchlaufzeit von OK, COK und NOK Fällen - Gesteuerte und nicht gesteuerte Fälle	Alle	3
3	Prozess-Steuerung basiert auf ProRC Ergebnis, z.B. Dispatching, technische Reparaturfreigabe, Reparaturkostenübernahme, Korrekturaufforderung an den Sender (z.B. Werkstatt)	Sparkassen Versicherung	2
4	Prüfung von allgemeinen Daten des Schadens (e.g. Fahrzeugalter, Impact direction, Impact point etc.)	Alle	2
5	Kalkulation im neuen Format unterstützen	HUK, Alle	1
6	Detaillierte Plausibilitätsprufung der Reparatur	HUK	3
7	Monetäre Auswirkung der Prüfung belegen	AIOI	3

8	Feststellen ob Fiktive Abrechnung sich lohnt (z.b. kombiniert mit Predictive Analysis oder mit einer 2. Kalkulation basiert auf alternativen Teilen)	Alle	3
9	Flexible Nutzung des Services. Z.B. nur Schaden mit mindestens €1000 Gesamtkosten oder nur jeden 10. Schaden prüfen	Alle	4
10	Prüfung von alle gängigen Schadenskalkulationen durch ein Regelwerk pro Kunde	Alle	3
11	Modernisierung der Prüfberichte. Diese sind momentan sehr altmodisch	Alle	2
12	Selbstprüfung für Sachverständige und Werkstätte unterstützen	TBD	5
13	Predictive Analysis in der ProRC Prüfung einbeziehen	TBD	2
14	Totalschadenbewertung nur basiert auf fachliche Kriterien auslösen	TBD	2
15	Alternative Reparaturwege vorschlagen (z.b. Reparaturkit für Scheinwerfer)	Alle	3
16	Verwendete Lohnfaktoren gegen regionale Lohnfaktoren prüfen	Alle	4
17	Nachträgliche Korrektur des ProRC Ergebnisses. Z.B kann eine Prüfung auf OK gesetzt werden obwohl die Prüfung NOK gezeigt hatte	WPV	4
18	Prüfung von Dokumenten unabhängig vom Format und ob strukturiert oder unstrukturiert	Alle	1
19	Pflichtfelder der eingehenden Schaden-meldungen prüfen (z.b. Bilder vorhanden)	Alle	2
20	ProRC mit SMR kombinieren	Alle	3

Im Produktkonzept werden diese Bedürfnisse bei der Entwicklung von Optionen für die Zukunft berücksichtigt.

3.2.1. Verkaufsmodell

Momentan wird ProRC pro Transaktion verkauft. D.h. jeder KVA der eine ProRC Prüfung durchläuft wird einzeln verrechnet. Die Prüfungen die über ProG und ProS erfolgen, werden analog verrechnet.

Als Variante gibt es ein gestaffeltes Modell wo der Transaktionspreis mit steigendem Abnahmevolumen abnimmt.

3.3. Marktanalyse

Für viele der Mitbewerber sind die Marktzahlen nicht bekannt. Einige der Größen sind daher auf Schätzungen basiert.

3.3.1. Marktsegmentierung

Der Markt wird nach Kunden mit gemeinsamen Bedürfnisstrukturen segmentiert. Es ergibt sich folgende Kundengruppen. Der Markt wurde nach gemeinsamen Bedürfnissen segmentiert.

Kundengruppe	Bedürfnis
Versicherung	Reparaturkosten sowie Prozesskosten für die automotive Schadenabwicklung reduzieren
Werkstätte	Kostenvoranschlag auf Konformität prüfen bevor es an die Versicherung oder den Versicherungs-Sachverständige ver-sandt wird
Freie Sachverständige	Eigene Gutachten auf Konformität prüfen bevor sie an die Versicherung versandt werden
Leasing & Flottenfirmen	Prüfung von Service- & Wartungs-rechnungen
Dienstleister in der Schadensabwicklung	Verwendung von XY Services wie z.B. der Schadenskalkulation

3.3.2. Marktkapazität

Die Grundlage für die Schätzung der Marktkapazität bildet die Gesamtmenge der passierten Versicherungsschäden. Dies ist die maximale Anzahl Schadens-kalkulationen die der Markt bietet und somit auch die maximale Anzahl Transaktionen für ProRC Prüfungen angenommen jeder Schaden wird einmal geprüft.

Die Verteilung der Schadenfälle zwischen Haftpflicht, Teilkasko und Vollkasko ist wie folgt (in Millionen Fälle, 2011)[11]

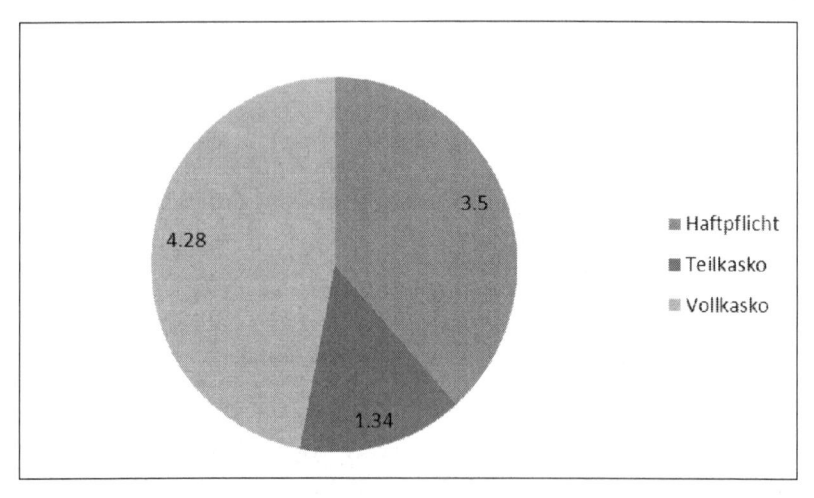

Abbildung 1: Marktaufteilung nach Versicherungstyp

Insgesamt eine totale Marktkapazität von ca. 9 Millionen Schadenfällen die theoretisch durch das XY System geprüft werden könnten.

3.3.3. Marktpotential

Das Marktpotenzial sagt aus wie Groß ein Anteil der Marktkapazität realisiert werden könnte wenn die benötigte Kaufkraft und Kaufbedürfnis bestehen würde.

Annahmen

- Für 80% der Schäden ist eine Prüfung bedürftig
- Die Kunden haben Kaufkraft 80% der Schäden zu prüfen

D.h. ein Marktpotenzial von 80% von 9 Millionen = 7.2 Millionen Schadenfälle

3.3.4. Marktvolumen

Verkaufte Transaktionen *aller Anbieter* im Markt

Annahmen

- Das gesamte Marktvolumen deckt mehrheitlich die Haftpflichtschäden ab (laut Sternartikel [2]), d.h. ein Gesamtvolumen von 3.5 Millionen Schäden
- Angenommen 80% werden geprüft

ergibt sich ein Marktvolumen von 80% von 3.5 Millionen = *2.8 Millionen Transaktionen*

Bemerkung: Wenn die Werkstatt oder der Sachverständige noch eine Vorprüfung macht (bevor Versand zur Versicherung) kann es durchaus sein dass es mehr Prüfungen als Schadenfälle geben wird. D.h. die 2.8 Millionen ist die untere Limit.

3.3.5. Sättigungsgrad

Der Sättigungsgrad ergibt sich aus dem Verhältnis zwischen Marktvolumen und Marktpotenzial, d.h.

2.8 Millionen durch 7.2 Millionen x 100 = 39%

Es gibt also genügend Marktpotenzial um eine Investition in einer Weiterentwicklung zu rechtfertigen.

3.3.6. Ist-Portfolio

Wie eingangs in der Problemstellung erwähnt, wurde die Wettbewerbssituation bei der Produktentwicklung ungenügend berücksichtigt. Mit dem Produkt-Portfolio werden zwei Dimensionen analysiert

- Die *Marktattraktivität* unsere Produktgruppen werden untereinander verglichen
- Die *relativen Wettbewerbsvorteile* unsere Produktgruppen werden im Vergleich zur Konkurrenz gesetzt

Daraus können strategische Schwerpunkte auf Produktgruppenebene priorisiert entwickelt werden.

Eine andere Problemstellung die in der Einleitung erwähnt wurde war die ungenügende Abdeckung von Kundenanforderungen. Das Kundengruppen-Portfolio analysiert genau diesen Kontext

- Die Kundenattraktivität, d.h. wie attraktiv sind einzelne Kundengruppen für uns?
- Der *relative Wettbewerbsvorteil* pro Kundengruppe aus unsere Sicht

Daraus können differenzierte Strategien pro Kundengruppe priorisiert entwickelt werden. Die abgeleiteten Prioritäten entscheiden dann welche Kundenanforderungen mit welcher Priorität umgesetzt werden müssen.

Kundenportfolio

Die Bewertungstabellen für die einzelnen Bewertungen werden hier nicht im Detail aufgeführt. Sie sind im Kapitel 8 aufgelistet. Die Übersicht der Bewertungsresultate ist im folgenden Diagramm dargestellt.

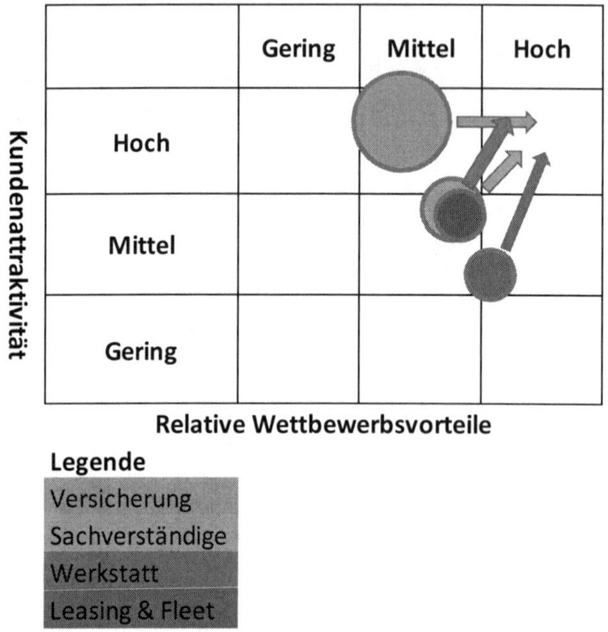

		Gering	Mittel	Hoch
Kundenattraktivität	Hoch			
	Mittel			
	Gering			

Relative Wettbewerbsvorteile

Legende
- Versicherung
- Sachverständige
- Werkstatt
- Leasing & Fleet

Abbildung 2: Kundenportfolio

Die Kundenattraktivität von Versicherungen muss längerfristig gesichert werden mit einer Lösung die mittel bis längerfristig unser Wettbewerbsvorteil sicherstellt.

Die Attraktivität von Sachverständigen und Werkstätten müssen kurz –bis mittelfristig verstärkt werden. Diese beiden Kundengruppen wurden bisher durch die Versicherungen kontrolliert um Kostenersparnisse zu erreichen und sind daher eher skeptisch dem Produkt gegenüber. Wenn wir aber das Produkt für diese Kundengruppe attraktiv machen könnten (z.B. durch Eigenkontrolle vor Übermittlung an Versicherung) wäre eine Kundengruppe erschlossen die längerfristig Großen Umsatz bringen kann. Diese Kundengruppe wird kontinuierlich mit Aufträgen von den Versicherungen versorgt.

Für Leasing & Fleet muss die Marktattraktivität längerfristig verstärkt werden. Der Hauptfokus für diese Kundengruppe ist eine Prüfung von Service und Wartungskalkulationen und ein Vergleich mit der Werkstattrechnung. Es gibt bereits erste Anforderungen aus Osteuropa diese Art Kalkulationen zu prüfen.

Wenn man die Kundenattraktivität für das allgemeine Bedürfnis „Automatisierte Verfahren zur optimierten Schadensregulierung" analysiert (und die Wettbewerbsposition ausblendet) ergibt sich das gleiche Bild wie oben.

Produktportfolio

Das Resultat der Produktbewertung für das bisherige Produkt ist unten dargestellt.

	Gering	Mittel	Hoch
Hoch			
Mittel		↗	
Gering			

Marktattraktivität (y-Achse)
Relative Wettbewerbsvorteile (x-Achse)

D.h. wir müssen Maßnahmen treffen um die Marktattraktivität zu erhöhen um dann auch den relativen Wettbewerbsvorteil erhöhen zu können.

3.3.7. Konklusion aus der Marktanalyse

Wenn wir ProRC im Kontext der aktuellen Marktsituation betrachten ist klar, dass wir mit ProRC die Marktbedürfnisse nicht abdecken können. Es fehlen u.A. folgende wichtige Funktionen

- Papierrechnungen können nicht geprüft werden
- Die ProRC Prüfung ist nicht ausreichend als Grundlage für eine Dunkelverarbeitung der Versicherung
- Werkstatt-Scoring wird nicht unterstützt
- Es gibt kein Steuerungsmechanismus basiert auf das ProRC Ergebnis. Wir liefern zwar ein Prüfbericht aber bieten keine Steuerung basiert auf das Resultat

Auf der Lebenszykluskurve[15] bewegt sich ProRC von „Cash-Cow" Richtung „Poor Dog" wie unten dargestellt.

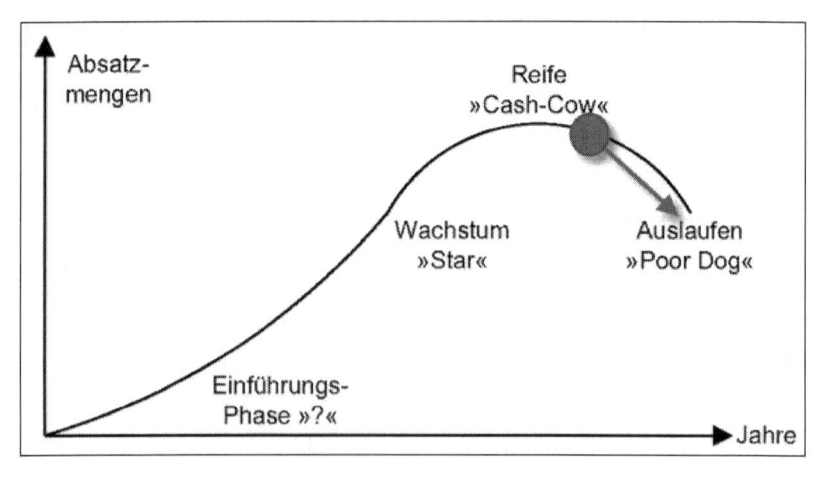

Abbildung 3: Lebenszykluskurve

Im Produktkonzept wird basiert auf diesen Erkenntnissen analysiert welche Möglichkeiten es gibt das Produkt neu zu positionieren oder mit zusätzlichen Leistungen zu ergänzen.

3.4. Konkurrenzanalyse

In diesem Kapitel werden die Wettbewerber näher analysiert. Die Qualität der vorliegenden Daten über die Wettbewerber ist sehr unterschiedlich.

Das übergeordnete Vorgehen ist wie folgt

- Segmentierung und Leistungsübersicht der Wettbewerber
- Produktorientierte Stärke-Schwäche Analyse
- Marktorientierte Stärke-Schwäche Analyse
- Analyse der vertikalen Integration gegenüber Spezialisierung
- SWOT-Analysen einzelner Wettbewerber
- Zusammenfassung

3.4.1. Segmentierung

Die Wettbewerber können wie folgt segmentiert werden.

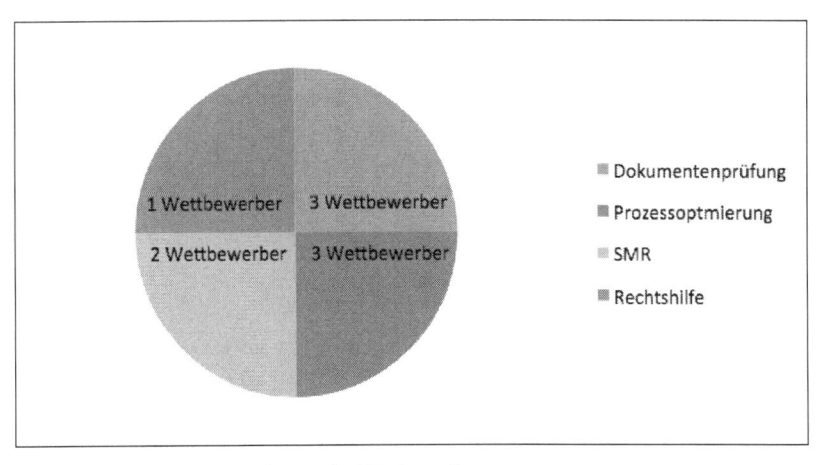

Abbildung 4: Marktsegmentierung der Wettbewerber

3.4.2. Marktanteile

Die Marktanteile sind wie folgt für allgemeine Dokumentenprüfungen (Quelle: Interne Marktstudie).

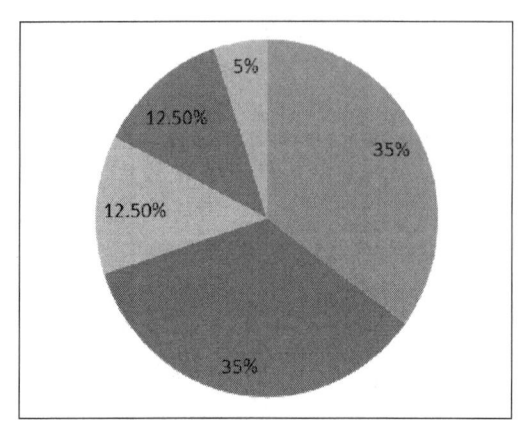

Abbildung 5: Marktanteile

3.4.3. Leistungsübersicht der Wettbewerber

Im Folgenden werden die Leistungsangebote der einzelnen Wettbewerber detaillierter beschrieben. Quellen sind die einzelnen Webseiten sowie interne Studien.

Wer	Beschreibung
Wettbewerber 1	<ul><li>Fachmännische Prüfung von unstrukturierten Dokumenten</li><li>Liefern Schnell qualifizierte Prozessentscheidungen in strukturierter Form</li><li>Gute Auswertungsmöglichkeiten</li><li>Der Prüfbericht hat einen hohen Stellenwert bei den Versicherungen und wird als Grundlage für die Schadenregulierung verwendet</li></ul>
Wettbewerber 2	<ul><li>Bi-direktionale Schnittstellen für Datenaustausch</li><li>Fachmännische Prüfung von unstrukturierten Dokumenten</li><li>Betrugserkennung</li><li>Referenzdatenbank basiert auf Herstellervorgaben</li><li>Kombination von Kundenauswertungen und Marktdaten</li></ul>

Wettbewerber 3	- Sehr detailliertes Regelwerk für Plausibilitätsprufungen einer Reparatur - Fachmännische Prüfung von unstrukturierten Dokumenten
Wettbewerber 4	- Aufzeigen von Einsparpotential - Automatisierter Korrekturprozess für Gutachten die nicht konform sind - E2E Prozessabwicklung - Integration Drittpartner für Datenaustausch - Umfangreiches Monitoring und Reporting über den gesamten Prozess - Umfangreiche Werkstattdatenbank
Wettbewerber 5	- Nahtlose Integration an Drittsysteme - Trendanalysen basiert auf historische Daten - Regelbasierte Prüfung kombiniert mit statistischen Daten
Wettbewerber 6	- Prüfung von SMR Kalkulationen gegen Herstellervorgaben - Kommunikation zwischen Hersteller Händlernetzwerk und Flottenbetreiber - Elektronische Rechnungsabwicklung inkl. Rechnungsfreigabe
Wettbewerber 7	- Verlagerung der Rechnungsprüfung vor die Erbringung der Leistung - Sicherstellung Herstellervorgaben bei Wartungs- und Verschleißreparaturarbeiten - Signifikate Reduzierung der Aufwände
Wettbewerber 8	- Kostenfreie Schadensabwicklung für Krafthaftpflichtschäden für geschädigte Fahrzeughalter und Autohäuser - Abwicklung sämtliche Schadensansprüche direkt mit der schuldtragende Versicherung - Service wird über Mitgliederbeiträge der beteiligten Anwälte finanziert

Wettbewerber 9	- Eigene freie Ressourcen (Personal) im Prüfprozess beim Kunden einsetzen, um damit Prozesskosten zu reduzieren
- Bei Auftragsspitzen die Prüfkapazitäten eines Wettbewerbers oder der Netzwerk-Partner zu nutzen und gleichzeitig auf plattformerfahrene Mitarbeiter zurückzugreifen
- Durch enge Partnerschaft mit Sachverständigenorganisationen aus dem Kfz-Bereich und das dort vorhandene Expertenwissen können jederzeit Spezialfälle bearbeitet oder im Einzelfall auch Beratungsfunktionen bei der Schadensabwicklung angeboten werden
Wettbewerber 10	- Schadenskalkulation basiert auf Herstellerdaten
- Glaskalkulation
- Netzwerk von Sachverständigen die im Auftrag Gutachten erstellen
- Webbasiertes Werkstattportal für Unterstützung der E2E Schadenabwicklung im Werkstattprozess
- Schadenabwicklung analog XYnet
- Prozesse können kundenspezifisch konfiguriert werden

3.4.4. Bewertung der Wettbewerber

Unten ist eine produktorientierte Stärke-Schwäche Bewertung der Wettbewerber dargestellt.

Folgende Kriterien wurden der Bewertung zu Grunde gelegt

- *Papierdokumente, Strukturierte Dokumente:* Wie stark der Wettbewerber diese Dokumententypen verarbeiten kann

- *Value adding Services:* Liefert der Wettbewerber zusätzliche Services zur reinen Dokumentenprüfung?

- *Schnittstellen:* Wie gut kann der Wettbewerber Fremdsysteme integrieren über Webservices

- *SaaS:* Bietet der Wettbewerber Services an die in ihrem Hostingzenter betrieben werden (Software as a Service)
- *Management Information:* Wie stark ist das Angebot an Auswertungen über den Gesamtprozess
- *E2E Prozessabwicklung:* In wie weit der Wettbewerber fähig ist den gesamten Schadensprozess abzuwickeln angefangen mit der Schadenmeldung über Schadenerfassung, Kalkulation, Kommunikation mit involvierten Parteien hinzu automatisierte Reparaturfreigabe, Rechnungsstellung und Prüfung von KVA und Rechnung
- *Prozessoptimierung:* Liefert der Wettbewerber Tools und Beratung zur Prozessoptimierung
- *Schadenskalkulation:* Ist der Wettbewerber in der Lage eine Schadenskalkulation zu erstellen

Bewertung / Kriterium	sehr schlecht			mittel			ausgezeichnet		
	1	2	3	4	5	6	7	8	9
Papierdokumente									
Strukturierte Dokumente									
Value adding Services									
Schnittstellen									
SaaS									
Management information									
E2E Prozessabwicklung									
Prozessoptimierung									
Schadenskalkulation									

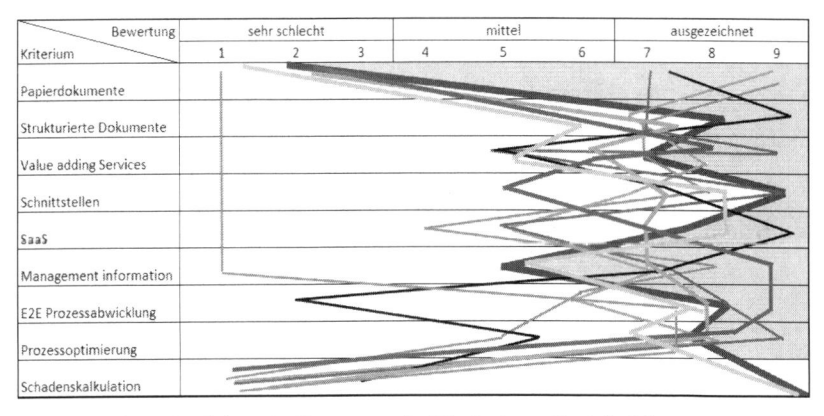

Abbildung 6: Stärke-Schwäche Bewertung der Wettberber – Produktsicht

Die gelb markierten Bereiche sind diejenigen Bereiche wo die Wettberber potenziell besser stehen als wir. Nach Stärke priorisiert (absteigend) sind es folgende Produktgruppen. Die Priorität ist basiert auf die Differenz zwischen den Wettbewerber, z.B. ist die Differenz für Papierdokumente der absolut größte.

- **Papierdokumente**
- **Management Information**
- **Value adding Services**
- Strukturierte Dokumente
- E2E Prozessabwicklung
- SaaS
- Prozessoptimierung

D.h. wir wissen jetzt welche Produktbereiche wir schlechter abdecken als die Konkurrenz.

Als nächster Schritt müssen wir unsere Marktposition im Vergleich zur Konkurrenz herausfinden. Dazu dient eine Stärke-Schwäche Bewertung der Mitbewerber auf die Hauptkundengruppen die in einem früheren Kapitel definiert wurden.

Der Nachteil dieser Betrachtung ist dass sie die Breite der Produktportfolien der einzelnen Wettbewerber nicht berücksichtigt da wir kein detaillierteres Bild aus den zu Verfügung stehenden Daten haben.

Damit wir trotzdem ein eine Einschätzung der Marktposition der einzelnen Wettbewerber bekommen können, werden die Wettbewerber für das allgemeine Kundenbedürfnis „automatisiertes Verfahren für optimierte Schadensregulierung" bewertet. Quellen sind interne Studien sowie Marktbeobachtungen aus dem Internet.

Kriterium \ Bewertung	sehr schlecht			mittel			ausgezeichnet		
	1	2	3	4	5	6	7	8	9
Versicherung									
Werkstätte									
Sachverständige									
Leasing und Fleet									
Autohersteller									
Geschädigter									

Abbildung 7: Stärke-Schwäche Bewertung der Wettberber – Marktsicht

Wir sehen, dass 4 Wettbewerber zusammen mit XY sehr stark im Versicherungs- und Werkstattmarkt sind (mit schwarzen Kreisen markiert). Zusammengefasst wissen wir jetzt

- Die 4 o.g. Wettbewerber besetzen zusammen mit XY (nahezu) den gesamten Markt für Dokumentenprüfungen (siehe Marktanteile)
- Die Kundenattraktivität der Versicherung für tomatierte Verfahren ist laut Kundenportfolio (siehe oben) die größte im Markt
- Die Versicherung steuert den größten Teil des Umsatzes für unser Pro-RC Produkt bei
- Die 4 gleichen Wettbewerber sind zusammen mit XY auch stark im Werkstattmarkt
- Im Sachverständigenmarkt sind wir zusammen mit 2 Wettbewerbern am stärksten repräsentiert

Als nächstes folgt eine Analyse der vertikalen Integration gegenüber der Spezialisierung der einzelnen Wettbewerber. Die meisten Mitbewerber haben eine ziemlich starke vertikale Integration. Wir können aber beobachten, dass 2 Wettbewerber versuchen ihre Produktlinie breiter zu gestalten.

Aus der Historie heraus war XY lange spezialisiert auf die Schadenskalkulation. Mit der Einführung der XYnet Plattform haben wir die Möglichkeit bekommen eine breitere Produktlinie anzubieten. Die Kunden verlangen aber eine noch breitere Produktlinie, d.h. schwächere Spezialisierung. Gleichzeitig stellt sich die strategische Frage ob wir für die gesamte Produktlinie alles selber machen wollen oder ob wir z.B. unstrukturierte Prüfungen extern einkaufen („buy or make"), d.h. schwächere vertikale Integration.

SWOT-Analysen

Mit einer Reihe von SWOT-Analysen sollen Substitutionsgefahren sowie Trends der Wettbewerber analysiert werden.

Die erste SWOT-Analyse ist für Wettbewerber 1.

Stärken	Chancen
➢ Fundierte Prüfung von Papierdokumenten basiert auf Experten Know-how ➢ Bietet Prüfung unabhängig vom Dokumentenformat ➢ Abwicklung von Werkstattprozessen ➢ Webbasiertes Dashboard für statistische Auswertungen ➢ Wenige aber starke Kundenbeziehungen ➢ Prüfung von strukturierten SMR Rechnungen ➢ Grosse Erfahrung mit Massenabwicklung ➢ Etablierte Produkte und Prozesse ➢ Hoher Bekanntheitsgrad	➢ Dokumentenprüfung als «neutrales» Instrument von Transparenz zu positionieren und dabei den «Industriestandard» setzten ➢ Die missglückte Prozessintegration für Werkstätten gewinnt für XY ein bisschen Zeit um eine wettbewerbsfähige alternative auf dem Markt zu bringen ➢ E2E Abwicklungsprozess planen ➢ Partnerschaft für Prüfung unstrukturierter Prüfungen untersuchen
Schwächen	**Risiken**
➢ Prüfparameter nicht transparent ➢ Keine Akzeptanz bei Werkstätten oder Sachverständige ➢ Gutachten werden manuell bei der Tiefenprüfung nachkalkuliert was hohe personelle Aufwände und eine geringe Marge mit sich führt ➢ Cashcows sind etablierte Produkte ➢ Keine Synergien zwischen den einzelnen Produkten ➢ Veraltete IT-Strukturen ➢ Bietet kein E2E Abwicklungsprozess ➢ Ungenügend Geldmittel für wichtige strategische Produktentwicklungen da viele Ressourcen in IT Infrastruktur und qualifiziertes Fachpersonal für die Papierprüfung gebunden wird	➢ Findet einen Investor für die Behebung strukturelle und funktionale Defizite ➢ Es gelingt XY aus dem Werkstattprozess zu verdrängen

Abbildung 8: SWOT für Wettbewerber 1

Bewertung von Wettbewerber 1

Es ergeben sich folgende Substitutionsgefahren für XY Produkte

- Wenn Wettbewerber 1 die Prozessintegration mit der Werkstatt kurzfristig hinkriegt kommen wird XY aus dem Prozess verdrängt

- Wettbewerber 1 überbietet XY im Bereich von Dokumentenprüfungen da sie strukturierte sowie unstrukturierte Dokumente prüfen können

- Sobald XY aus dem Prozess verdrängt wird sind wir austauschbar, da wir dann nur die Schadenskalkulation liefern

Folgende *Trends* wurden beobachtet

- Die Prüfungen werden Tendenz steigend für Steuerungen und Prozesskontrollen verwendet
- Die Prozessabwicklung fängt neu auch beim Anfang der Prozesskette an. Damit hat Wettbewerber 1 Hoheit über den Prozess

Konklusion

- Die Substitutionsgefahr von Wettbewerber 1 wird als „hoch" eingestuft
- XY muss kurz bis mittelfristig reagieren um die Gefahren entgegenzutreten

Die nächste SWOT-Analyse ist für Wettbewerber 2.

Stärken	Chancen
➢ Liefern gleichwertige Schaden – und Glaskalkulationen ➢ Webbasierte E2E Schadenabwicklung	➢ Eine aggressive Marketingkampagne für die XY Lösung starten
Schwächen	**Risiken**
➢ Bietet keine unstrukturierte Prüfung ➢ Kein aggressives Marketing Produkte auf Homepage	➢ Durch die enge Kooperation mit den Herstellern könnte die bisherigen XY Lösungen bei den Herstellern ersetzen ➢ bietet mit einem Produkt kombiniert mit der Schadenkalkulation und der Fahrzeugidentifikation gleichwertige Services zu XY, d.h wir werden austauschbar ➢ Könnte durch Zukaufen von unstrukturierten Prüfungen das Angebot noch stärker machen

Abbildung 9: SWOT-Analyse für Wettbewerber 2

Bewertung von Wettbewerber 2

Die größte Substitutionsgefahr ist dass es Wettbewerber 2 gelingt das System an bisherige Kunden von XY zu verkaufen und damit XY aus dem Markt zu verdrängen. Wettbewerber 2 bietet laut ihre Website „regelbasierte Prüfung von Schadeninhalten", es ist jedoch unklar ob dies auch eine technische Prüfung der Kalkulation beinhaltet. Wenn es Wettbewerber 2 gelingen sollte ihr Produkt verbreitet zu verkaufen verdrängt es zusätzlich noch die XY Kalkulation vom Markt.

Konklusion

- Die Substitutionsgefahr wird als „hoch" eingestuft
- Trend von Wettbewerber 2 geht Richtung komplette Schadensabwicklung

- XY muss kurz bis mittelfristig reagieren um die Gefahren entgegenzutreten

SWOT-Analyse für Wettbewerber 3

Stärken	Chancen
➢ Fundierte Prüfung von Papierdokumenten basiert auf Experten Know-how ➢ Bietet Prüfung unabhängig vom Dokumentenformat ➢ Sehr hohe Qualität von Auswertungen ➢ Gleichwertige technische Prüfung zu „ProRC" ➢ Reagiert schnell auf neue Marktbedürfnisse ➢ Gute Datenbasis für automatisierte Prüfungen	➢ Sind grundsätzlich positiv auf Kooperation mit XY eingestellt da sie nicht über eigene strukturierte Daten verfügen
Schwächen	**Risiken**
➢ Kein direkter Zugang zu Werkstattnetzwerk oder Sachverständigernetzwerken	➢ bietet auch E2E Prozessabwicklung

Abbildung 10: SWOT-Analyse für Wettbewerber 3

Bewertung von Wettbewerber 3

Als Substitutionsgefahr zu sehen ist die technische Prüfung und die E2E Prozessabwicklung. Wettbewerber 3 hat bereits einen Kunden von XY abgeworben.

Positiv zu bewerten ist die Bereitschaft auf Kooperation wie wir es im Bereich der Abschlepplösung kennen.

Konklusion

- Die Substitutionsgefahr von Wettbewerber 3 wird als „mittel" eingestuft
- Keine Daten zu Trends
- XY sollte kurzfristig weitere Kooperationsmöglichkeiten mit Wettbewerber 3 untersuchen um damit Wettbewerbsvorteile zu gewinnen

SWOT-Analyse für Wettbewerber 4

Stärken	Chancen
➢ Bieten eine detaillierte Plausibilitätsprüfung basiert auf historischen Daten	➢ Strategische Partnerschaft
Schwächen	**Risiken**
➢ Limitierte Schnittstellen zur Aussenwelt	➢ Könnte potenziell ProRC ersetzen

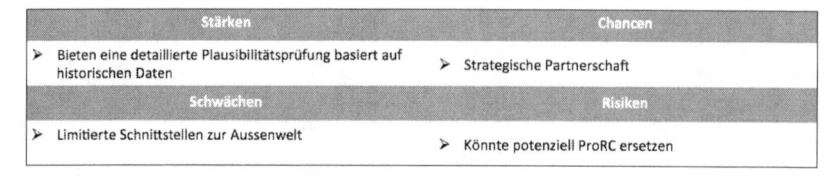

Abbildung 11: SWOT-Analyse für Wettbewerber 4

Bewertung von Wettbewerber 4

Die Lösung von Wettbewerber 4 könnte potenziell unsere ProRC Prüfung ersetzen. Es gibt bereits Kunden die gerne die detaillierte Prüfung haben möchten. Zu untersuchen wäre ob wir eine strategische Partnerschaft mit Wettbewerber 4 machen könnten

Konklusion

Die Substitutionsgefahr von Wettbewerber 4 wird als „hoch" eingestuft

Keine Daten zu Trends

XY sollte kurzfristig Kooperationsmöglichkeiten mit Wettbewerber 4 untersuchen

SWOT-Analyse für Wettbewerber 5

Stärken	Chancen
➢ Kostenlose Abwicklung von Haftpflichtschäden für Autohäuser und Heschädigte	➢ Strategische Partnerschaft
Schwächen	**Risiken**
➢ Unbeliebt bei Versicherungen	➢ Steuert den Abwicklungsprozess weg von der Versicherung wo wir den Prozess unterstützen

Abbildung 12: SWOT-Analyse für Wettbewerber 5

Bewertung von Wettbewerber 5

Die Substitutionsgefahr ist relativ gering da der angebotene Service nie deutschlandweit Fuß gefasst hat. Die Idee ist aber strategische interessant und wird im Produktkonzept weiter analysiert.

Konklusion

Die Substitutionsgefahr von Wettbewerber 5 wird als „tief" eingestuft

Keine Daten zu Trends

XY sollte mittel bis längerfristig Kooperationsmöglichkeiten untersuchen

SWOT-Analyse für Wettbewerber 6

Stärken	Chancen
➢ Software Tools die eine Dokumentenprüfung ermöglichen ➢ Kommunikationsplattform für Datenaustausch	➢ Einbindung der Schnittstellen in XY
Schwächen	**Risiken**
➢ Wird für den automotiven Bereich eher wenig genutzt	➢ Wenn die Prozessteilnehmer Schnittstellen verwenden könnte es potenziell andere Lösungen verdrängen

Abbildung 13: SWOT-Analyse für Wettbewerber 6

Bewertung von Wettbewerber 6

Die Substitutionsgefahr ist bei Wettbewerber 6 separat betrachtet momentan relativ gering. Da die angebotenen Services bereits im Einsatz sind, könnte ein weiterer Markterfolg bedeuten, dass Wettbewerber 6 sich vermehrt im Markt durchsetzt.

Konklusion

- Mittlere Substitutionsgefahr

- Keine Daten zu Trends

- XY sollte mittel bis langfristig untersuchen ob eine Einbindung der Wettbewerber 6 Schnittstellen in XY Sinn machen würde

Die folgende Tabelle fasst die Bewertungen nochmals zusammen

Wettbewerber	Markt	Produkt	Trends	Substitutionsgefahr
Wettbewerber 1	Versicherung, Werkstatt	Papierprüfung Abwicklung Werkstattprozess	*Prozesskontrolle am Anfang des Prozesses *Integration in den Werkstattsystemen wird vorangetrieben	Hoch
Wettbewerber 2	Werkstatt	Kalkulation Schadensabwicklung	Drängt in den Markt der kompletten Abwicklung vor	Hoch
Wettbewerber 3	Versicherung, Werkstatt	ProRC Papierprüfung	Keine Daten	Mittel

Wettbe-werber 4	Versicherung	Plausibilitäts-prüfung	Keine Daten	Hoch
Wettbe-werber X	Sachverständige	Papierprüfung Prozessabwicklung und Optimierung	Keine Daten	Unbekannt
Wettbe-werber 6	Versicherungen	Schnittstellen zu Dritt-systemen	Keine Daten	Tief
Wettbe-werber 5	Werkstätte und Geschädigte	Abwicklung von Haftpflichtschäden	Keine Daten	Tief
Wettbe-werber Y	Sachverständige	Ressourcen-management	Keine Daten	Unbekannt

3.5. Verhaltensanalyse

In der Vehaltensanalyse müssen unsere Strategien basiert auf eine Evaluierung der beobachteten Trends und Ziele der Wettbewerber überprüft werden.

Wir wissen leider ziemlich wenig über die Ziele und Trends der Wettbewerber (siehe oben). In der zukünftigen Weiterentwicklung der Strategie müssen die Ziele und Trends der Wettbewerber in folgenden Bereichen kontinuierlich überwacht werden[23]. Unten sind die Bereiche aufgeführt mit Beobachtungsbeispielen.

- Strategische Ziele
  - Wettbewerber Z ist ein Familienunternehmen. Wenn sie einen externen Investor finden um einen Geschäftsbereich zu intensivieren ist das für unsere Strategie sehr wichtiges Wissen
- Marktziele
  - Wenn ein Wettbewerber durch eine Partnerschaft oder Übernahme durch dritte in den gleichen Markt eintritt müssen wir dringend unsere Strategie überdenken
- Technologieziele
  - Die Wettbewerber könnten Patente auf wichtige Innovationen bekommen

- Ein Mittbewerber gründet eine neue Abteilung für Forschung und Entwicklung um ihre Produktangebot in einem bestemimten Gebiet zu verstärken
- Führungsziele
  - Neue Stoßrichtung durch neues Management?
  - Orientiert sich das Management eher auf den Markt, die Technologie oder hauptsächlich Umsatzgetrieben?

Damit diese Informationen regelmäßig erfasst und evaluiert werden können, ist es zu empfehlen dedizierte Mitarbeiter dafür zu reservieren.

3.6. Zusammenfassung

Folgende Auflistung fasst die Ergebnisse der Situationsanalyse kurz zusammen.

- Der strategische Fokus für die Marktentwicklung muss auf die Märkte Versicherungen, Werkstätte und Sachverständige gelegt werden
- Die Kundenattraktivität für automatisierte Verfahren zur Schadensregulierung ist im Versicherungsmarkt nach wie vor hoch
- ProRC in der jetzigen Form reicht nicht aus um zukünftig Wettbewerbsfähig zu bleiben
- Die Trends der Wettbewerber sind
  - E2E Schadensabwicklung
  - Prozessintegration mit den Werkstattsystemen
  - Detailliertere Prüfungen als bisher
- Es wird sehr viel Geld in Kontrolle investiert statt die Qualität zu verbessern bevor die Kontrolle stattfindet (Symptombekämpfung statt Ursachenanalyse)
- Wettbewerber bieten keine Transparenz über wie geprüft wird was zu schlechter Presse und Unbeliebtheit bei wichtigen Marktteilnehmern geführt hat[2]

- Versicherungen versuchen insbesondere bei Haftpflichtschäden die zu zahlenden Kosten zu reduzieren [4,6]
- Schadensteuerung ist ein Instrument dass die Versicherungen vermehrt einsetzen möchten um die Schadenskosten zu reduzieren

4. Produktkonzept

Im Produktkonzept werden verschiedene Produktstrategien definiert die eine erfolgreiche Positionierung des Produktes ermöglichen soll unter Berücksichtigung der gewonnenen Erkenntnisse aus der Situationsanalyse.

Anschließend wird eine Bewertung der Strategien vorgenommen um festzulegen welche Optionen im Marktkonzept weiter verfolgt werden sollen.

4.1. Ausgangslage

Die Situationsanalyse hat gezeigt, dass wir vor allem auf folgenden Geschäftsgebieten schwächere Leistungen bieten als die Wettbewerber.

- Unstrukturierte Dokumentenprüfung
- Schadensteuerung
- Detaillierte Plausibilitätsprüfung

In den folgenden Geschäftsgebieten bieten wir gleichwertige Leistungen an

- Schadenskalkulation
- Technische Kalkulationsprüfung
- E2E Prozessabwicklung

Die Marktanalyse hat ergeben dass wir uns auf drei Märkte fokussieren müssen

- Versicherungen
- Werkstätte
- Sachverständige

Die Optionen werden sich mehrheitlich auf die 3 genannten Produktbereiche konzentrieren. Für jede Option werden die Vorteile für die 3 genannten Hauptmärkte erläutert.

Erst wird die Ausgangslage für die bisher angebotene Produkte erläutert.

4.1.1. Dokumentenprüfung

Die von XY gebotenen Leistungen wurden bereits im Kontext der Dokumentenprüfung beschrieben. Diese wurden mit den Leistungen der Mitbewerber verglichen um das Delta zu ermitteln.

Die Frage die sich hier stellt ist ob XY als Komplettanbieter für alle Dokumententypen positionieren möchte oder eher als Komplettanbieter für Datenaustausch und Prüfung strukturierter Dokumente. Diese Frage wird im Laufe des Produktkonzeptes beantwortet.

4.1.2. Prozesse und Auswertungen

Zwei Beispiele haben die Angebotslücke in diesem Bereich gut beschrieben.

- Steuerung für Dunkelverarbeitung
- Auswertung für Werkstatt-Scoring

Diese beiden Bereiche gehen über die Dokumentenprüfung hinaus, verwenden aber Ergebnisse aus der Dokumentenprüfung um weitere Kundennutzen zu generieren. Es gibt also ein Kernprodukt für die Dokumentenprüfung und weitere „value adding Services" oder Servicebausteine die als Ergänzende Leistungen zusätzlich verkauft werden können wie unten dargestellt. Es wurde der Begriff „Management Information" verwendet um klarzustellen, dass es sich hier nicht um „nackte" Auswertungen handelt.

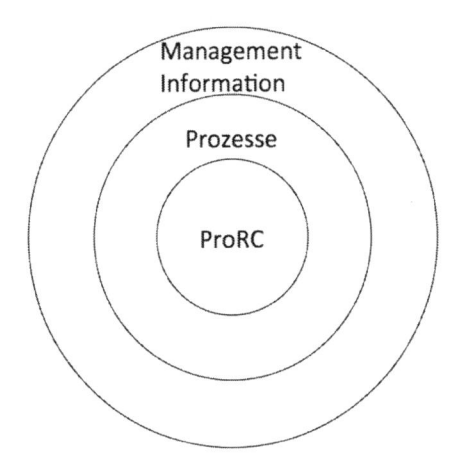

Abbildung 14: Grundkonzept für das zukünftige Leistungsangebot

Aktuell wird ProRC ohne Zusatzleistungen an ca. 90% der Kunden verkauft. In Deutschland werden heute schon zusätzliche Servicebausteine in Kombination mit ProRC verkauft.

Nach diesem Grundkonzept werden in den nächsten Abschnitten Produktoptionen für alle 3 Bereiche aufgezeigt.

4.2. Optionen für die Zukunft

Aus der Situationsanalyse ist klar, dass wir nur mit dem bestehenden Produkt ProRC nur im heutigen Markt (Versicherungen) nicht erfolgreich werden.

Wir müssen aber durchaus weiterhin neue Kunden mit den bestehenden Produkten im bestehenden Markt gewinnen, z.B. die E2E Schadensabwicklung oder die technische Kalkulationsprüfung.

Wenn wir die Ansoff-Matrix betrachten müssen wir in 2 Richtungen Produktoptionen entwickeln um zukünftig erfolgreich zu werden

1. *Differenzierung* des Produktes mit weiteren „Value adding Services" die separat verkauft werden können

2. *Diversifikation* mit neuen Ideen (z.B. Prozesse und Management Information) die über das bisherige Produkt hinausgehen und unsere Marktposition nachträglich stärken kann

Markt / Produkt	Alt	Neu
Alt	Marktdurchdringung	Marktentwicklung
Neu	Produktdifferenzierung	Diversifikation

Abbildung 15: Fokus für das Produktkonzept

4.2.1. Differenzierung

Es gibt mehrere Möglichkeiten zusätzliche Leistungen zum bisherigen Produkt anzubieten. Im Folgenden werden ein paar Beispiele detailliert beschrieben.

Plausibilitätsprüfung der Reparatur

Diese Anforderung wurde schon länger vom größten ProRC-Kunden in Deutschland gestellt. Der Kunde hat uns kürzlich ein Ultimatum gestellt: Wenn wir nicht bis zum Datum X unter Beweis stellen, dass wir in einem akzeptablen Zeitrahmen diese Anforderung umsetzten können, werden sie den ProRC Vertrag kündigen. Damit wäre der größte Sponsor für das Produkt auf einen Schlag weg.

Gefordert wird eine detaillierte Plausibilitätsprüfung einer Schadenskalkulation. Eine Schadenskalkulation besteht aus mehreren Reparaturpositionen, z.B. für einen VW Golf VI

- Türe vorne links instand setzen für €50
- Türe vorne links lackieren für €80
- Zierleiste vorne links ersetzen für €40

Die Prüfung soll in diesem Fall die Reparatur der Zierleiste vorschlagen da für dieses Modell die Zierleiste repariert werden kann.

Wir haben momentan keine Kompetenz eine solche Prüfung anzubieten. Ein Wettbewerber in Leipzig bietet genau diese Prüfung an. Das Wissen für die Plausibilitätsprüfung wurde aus der Analyse von tausende historische Kalkulationen sowie Besichtigung von zahlreichen Fahrzeugen gewonnen und in einer Datenbank abgelegt.

Im Marktkonzept kommen wir zurück auf mögliche Strategien für eine Vermarktung dieser Lösung.

Vorteilsanalyse

Für die Versicherung ist der Vorteil, dass die Reparaturen gegen eine umfangreiche Erfahrungsdatenbank plausibilisiert werden können und somit die Reparaturkosten qualitativ sowie quantitativ gerechtfertigt werden können.

Man könnte überlegen die Lösung auch an die Werkstatt zu verkaufen mit dem Vorteil eine schnellere Reparaturfreigabe zu erhalten. Sobald die Werkstatt diese Korrekturen selber vornimmt und keine Auffälligkeiten mehr auftreten könnte die Werkstatt potenziell eine höhere Einstufung bei der Versicherung erhalten und dadurch ein höheres Auftragsvolumen. Die gleiche Überlegung gilt für externe Sachverständige.

Es wird dann aber mit der Zeit schwieriger die Lösung auch an Versicherungen zu verkaufen da sie nur plausible Reparaturkalkulationen erhalten und daher weniger direkten Nutzen von der Lösung haben.

ProRC kombiniert mit SMR Daten

Diese Kombination soll die Verwendung des ProRC auf Service – und Wartungskalkulationen erweitern. Bisher wurden nur Kalkulationen für Unfallreparaturen geprüft.

Die Kundengruppe für diese Produkterweiterung ist hauptsächlich Leasingfirmen die ihre KVAs für Service und Wartungsarbeiten prüfen lassen wollen.

In Osteuropa gibt es bereits Mitbewerber die einen ähnlichen Service bieten.

Wenn wir jetzt diese Erweiterung zügig auf dem Markt bringen und mit kostenfreier Schadensabwicklung kombinieren, könnten wir in den Leasing & Fleet Markt eindringen.

ProA

Das primäre Ziel von ProA ist die administrative Qualität der Schadenfälle die bei der Versicherung ankommen zu erhöhen. Wir möchten so früh wie möglich sicherstellen, dass keine Schadenfälle an die Versicherung ankommen die gar nicht erst bearbeitet werden können.

Ein zweites Ziel ist die Werkstätte „zu erziehen" damit sie die geforderte administrative Qualität mit der Zeit auch liefern.

In Deutschland arbeiten sehr viele Werkstätte mit dem XY System für die Schadenskalkulation und XYnet für die Kommunikation mit der Versicherung. Wir nutzen mit ProA unsere vorteilhafte Position am Werkstattmarkt in dem wir die erste Prüfung machen bevor die Werkstatt den Fall überhaupt an die Versicherung versandt hat. ProA basiert sich somit auf strukturierte Daten.

Dazu bringt es den entscheidenden Vorteil für XY dass die Konkurrenz dadurch weniger Einfluss auf den Gesamtprozess bekommen – XY hat am Prozessanfang die Kontrolle über den Schaden.

Primär sind es folgende Parameter die mit ProA geprüft werden sollen

- Minimum Anzahl Bilder
- Schadennummer
- Kontrollschild
- Laufleistung
- Rahmenbedingungen für die Schadenskalkulation wie z.B. Lohnfaktoren

Wenn mindestens eins dieser Parameter im Schaden nicht konform befüllt wurde soll das System je nach Versicherung unterschiedlich reagieren.

- Werkstatt kann den Schaden erst gar nicht übermitteln
- Werkstatt empfängt eine negative Reparaturfreigabe mit der Anweisung den Schaden vollständig zu übermitteln

Damit die Versicherungen die Schadenqualität monitoren können bieten wir als weiteren Service Auswertungen über das Verhalten der Werkstätte an (unter Berücksichtigung des Datenschutzgesetztes).

Folgende Kundenbedürfnisse werden durch *ProA* abgedeckt.

4	Prüfung von allgemeinen Daten des Schadens (e.g. Fahrzeugalter, Impact direction, Impact point etc.)	Alle	2
19	Pflichtfelder der eingehenden Schadenmeldungen prüfen (z.b. Bilder vorhanden)	Alle	2

Vorteilsanalyse

Die Vorteile der *Versicherung* wurden bereits erläutert.

Für die *Werkstatt* bietet ProA den indirekten Vorteil, dass sie schnell über nicht-konforme Schadenmeldungen informiert werden und damit schnell eine Korrektur machen können und im Endeffekt schneller zur Reparaturfreigabe kommt. Die Werkstatt wird aber ziemlich schnell lernen welche Parameter geprüft werden und wird Wege suchen die Prüfung zu umgehen – darin besteht das Risiko dieser Lösung.

Externe *Sachverständige* (d.h. Sachverständige die nicht direkt bei der Versicherung arbeiten) können von den gleichen indirekten Vorteilen profitieren als für die Werkstatt beschrieben wurde. Nur haben die Sachverständigen kein Anreiz die Kosten in die Höhe zu treiben da sie meistens per Gutachten pauschal abgerechnet wird. Dazu kommt, dass die renommierten Sachverständigenbüros (z.B. DEKRA oder SSH) ihren guten Ruf im Markt nicht auf Spiel setzen werden.

Schadensteuerung

Als Ausbaustufe zum ProA besteht die Möglichkeit den Schaden nachdem er durch ProA geprüft wurde basiert auf kundenspezifische Merkmale zu steuern. Für die Versicherung entfällt damit der administrative Aufwand den Schaden manuell zu prüfen wenn eine automatisierte Prüfung möglich wäre. Zum Beispiel wenn der Schaden Indikatoren auf Totalschaden hat soll der Schaden automatisch direkt an die Sachverständigenabteilung weitergeleitet werden.

Im Folgenden werden ein paar Beispiele für Schadensteuerung beschrieben.

1. Predictive Analytics

Prädikative Analysen bieten eine Vorhersage der Reparaturkosten aus historischen Daten basiert auf eine Liste von Parameter aus dem Schaden wie z.b.

- Hersteller, Typ, Untertyp des Fahrzeugs
- Fahrzeugalter
- Aufschlagstelle
- Aufschlagrichtung
- Schadenursache
- Unfallursache

Es muss eine Abfrage auf die Datenbank gemacht werden und eine Aussage zur theoretischen Schadenhöhe für die abgefragten Parameter gemacht.

Beispiel

- VW Golf GTI
- 7 Jahre alt
- Aufschlagstelle vorne links
- Aufschlagrichtung links
- Unfallursache – Ausweichmanöver
- Schadenursache – Kollision mit anderem Fahrzeug

Die prädikative Analyse berechnet jetzt aus historischen Daten eine Richtgröße der Schadenhöhe, z.B. EUR 2'500. Dieser Wert wird jetzt mit der aktuellen Reparaturkalkulation der Werkstatt verglichen.

Je nach Größe der Abweichung kann eine automatisierte Weiterleitung gemacht werden

- Abweichung kleiner 5% → keine Weiterleitung, normale Bearbeitung

- Abweichung zwischen 6 und 20% → Weiterleitung an Sachbearbeiter für telefonische Prüfung
- Abweichung grösser 20% → Weiterleitung an Sachverständigen zur physischen Prüfung

Die prädiktive Analyse kann zusätzlich über unsere Webservices als „value added Service" angeboten werden. Damit können wir den Service auch an Kunden anbieten die einen Lösung der Wettbewerber nutzen. Damit würden wir Zugang zum Abwicklungsprozess bekommen und die Möglichkeit weitere Services zu verkaufen.

Vorteilsanalyse

Die Versicherung profitiert von einer Vorqualifizierung des Schadens. Es braucht keine manuelle Prüfung der Kalkulation um festzustellen wie der Schaden weiterbearbeitet werden soll. D.h. es reduziert die internen Prozesskosten der Versicherung.

Für Werkstätte und Sachverständige bringt diese Lösung keine unmittelbaren Vorteile.

2. Totalschadenbewertung

Die Prüfung auf Totalschaden ist für die Versicherungen sehr wichtig. Einerseits weil sie nicht in eine nicht-wirtschaftliche Reparatur investieren möchte aber anderseits auch weil die Versicherung haftbar ist fur die Qualität der Reparatur. Zudem kommt, dass die Versicherung auf externe Quellen angewiesen ist wenn sie eine Totalschadenabwicklung vornehmen möchte, was Ressourcen in Anspruch nimmt.

Die Prüfung auf Totalschaden basiert sich auf das Verhältnis zwischen geschätzten Reparaturkosten und den Wiederbeschaffungswert (WBW) des Fahrzeugs. Der Wiederbeschaffungswert sagt aus was ein gleichwertiges Fahrzeug auf dem Markt in der gleichen geographischen Region kosten würde. Wenn die Reparaturkosten jetzt einen gewissen Prozentsatz des Wiederbeschaffungswertes übersteigen (z.B. 70%) wird der Schaden auf Totalschaden überprüft.

D.h. die Parameter für die Prüfung sind

- Reparaturkosten
- Wiederbeschaffungswert

Der WBW kann entweder über eine externe oder über eine interne Bewertung bezogen werden und für die Totalschadenprüfung verwendet werden.

Der Prozentsatz für die Totalschadenberechnung kann pro Versicherung individuell konfiguriert werden. Einige Versicherungen haben weitere fachliche Kriterien die für eine Totalschadenberechnung verwendet werden müssen, z.B. nur Totalschadenbewertung auslösen wenn die Gesamtkosten einen gewissen Schwellenwert übersteigen.

Je nach Komplexität der Prüfkriterien kann der Preis für die Totalschadenberechnung festgelegt werden.

Analog der prädiktive Analyse sollten wir diesen Service auch über Webservices anbieten.

Vorteilsanalyse

Die Versicherung kann die intern gebunden Ressourcen die sie für Totalschadenbewertung gebunden hat für andere Aufgaben einsetzten. Dazu kommt, dass die hier angebotene Lösung ein Schritt weiter geht und die Bewertung direkt an der richtigen Adresse liefert.

Werkstätte und Sachverständige genießen kein Vorteil von dieser Option.

3. Reparaturfreigabe

Die Versicherung erteilt eine Reparaturfreigabe basiert auf versicherungs-internen Kriterien. Z.B. darf es kein Hinweis auf Totalschaden sein, die Haftung muss geklärt werden. Für kleinere Schäden (z.B. Reparaturkosten kleiner 1000 €) kann die Reparaturfreigabe automatisiert werden.

Andere Parameter aus dem elektronische erfassten Schaden können nach Wunsch mitberücksichtigt werden.

Vorteilsanalyse

Interne Ressourcen der Versicherung die heute Reparaturfreigaben manuell prüfen können für andere Aufgaben freigesetzt werden.

Dazu wird der Schadensprozess durch die Automation optimiert wodurch

- das Auto schneller repariert werden kann → Nutzen für den Versicherungsnehmer
- kleinere Mietwagenkosten anfallen → geringere Gesamtkosten

D.h. die Werkstatt profitiert indirekt weil sie schneller eine Reparaturfreigabe – oder Ablehnung erhält.

4. Weitere Steuerungsmerkmale

Die oben genannten Beispiele haben wir aus Gespräche mit Versicherungen erfahren. Wenn eine Versicherung weitere Steuerungsmerkmale wünscht muss pro Anfrage folgendes Fragen beantwortet werden

- Welcher Prozess soll effizienter gestaltet werden
- Welchen kommerziellen Wert erhofft sich der Kunde (oft schwer herauszubekommen)
- Welche Prüfkriterien sind zu verwenden
- Welche Auswertungen können wir dem Kunden verkaufen um den Nutzen zu dokumentieren
- Welche Auswertungen brauchen wir intern um eine Cost-Benefit Analyse zu machen
- Welche Kriterien sind für die Preisgestaltung wichtig?

Folgende Kundenbedürfnisse sind mit den oben beschriebenen Optionen abgedeckt.

Nr.	Bedürfnis	Prio
1	Auswertungen und Statistiken von ProRC Ergebnisse kombiniert mit Schadendaten	1
2	Durchlaufzeit vom Schaden monitoren. Kundennutzen Durchlaufzeit vor und nach Einsatz von ProRC Durchlaufzeit von OK, COK und NOK Fällen Gesteuerte und nicht gesteuerte Fälle	3
3	Prozess-Steuerung basiert auf ProRC Ergebnis, z.b. Dispatching, technische Reparatur-freigabe, Reparaturkostenübernahme, Korrekturaufforderung an den Sender (z.b. Werkstatt)	2
8	Feststellen ob Fiktive Abrechnung sich lohnt (z.b. kombiniert mit Predictive Analysis oder mit einer 2. Kalkulation basiert auf alternativen Teilen)	3
13	Predictive Analysis in der ProRC Prüfung einbeziehen	2
14	Totalschadenbewertung nur basiert auf fachliche Kriterien auslösen	2

Auswertungen und Schadenmonitoring

Obwohl Auswertungen und Schadenmonitoring bereits oben als Teil der Option für Schadensteuerung erwähnt wurde, ist es wichtig zu betonen, dass diese Services sich sehr gut stand-alone als value adding Services verkaufen lassen. Voraussetzung ist, dass der Kunde einen Teil seines Prozesses über XY abwickelt. XY bietet bereits eine Lösung in diesem Segment auf dem wir weiter aufbauen können. Auswertungen können modular dem Kunden zur Verfügung gestellt werden.

Für alle Auswertungen ist das deutsche Datenschutzgesetzes zu berücksichtigen.

Ein paar Beispielauswertungen

- Monatliche Auswertung pro Werkstatt über Anzahl Regelverstöße und deren Schweregrad
- Kumulierte Auswertung über total Anzahl der Regelverstöße und deren Schweregrad

- Für Kunden die den gesamten Prozess über XYnet abwickeln
  - Wie lange dauert im Durschnitt die Freigabe einer Reparatur pro Werkstatt
  - Durchschnittliche Durchlaufzeit einer Reparatur für Haftpflicht, Kasko
  - Durchschnittliche Änderung der Durchlaufzeit wenn ein Sachverständiger beauftragt wurde
  - Durchschnittliche Reparaturkosten pro Werkstatt (Partner vs. Nicht-partner)
  - Durchschnittliche Änderung der Reparaturkosten wenn ein Sachverständiger beauftragt wurde
  - Kostenentwicklung und Trendanalysen

Wir hatten öfters die Kundenanforderung die monetären Einsparungen vom ProRC Produkt regelmäßig auszuwerten. Es ist eine durchaus verständliche Anforderung die aber nicht so einfach ist umzusetzen.

Es gibt Regeln die man unmittelbar monetär messen kann, z.B. wenn die Werkstatt Lohnfaktoren überschritten hat oder unerlaubte Transportkosten verrechnet hat. Aber der Service zur Bewertung eines Totalschadens kann nicht monetär gemessen werden da dieser Service die internen Prozesskosten der Versicherung optimiert – mit wie viel wissen wir aber nicht.

Statt auf diese Anforderung einzugehen ist es eher empfehlenswert die value-adding Services (wie z.B. Totalschadenbewertung) kombiniert mit Auswertungen zu verkaufen. Mit den Auswertungen soll der Kunde selber den Kundennutzen überwachen können. Dazu muss der Kunde explicit darüber informiert werden, dass diese Art von Services nicht unmittelbar monetär gemessen werden können.

Vorteilsanalyse

Alle Teilnehmer des Abwicklungsprozesses können Vorteile aus den Auswertungen schöpfen wie oben in den Beispielen erwähnt. Die Auswertungen müssen in enger Zusammenarbeit mit dem Kunden definiert werden um den optimalen Kundennutzen zu erreichen.

4.2.2. Diversifikation

Es gibt zwei Varianten der Diversifikation die hier beschrieben werden. Die erste betrifft den Bereich der unstrukturierten Prüfungen. Die zweite Variante ist eine Prozessoptimierung durch Kooperation.

Prozessoptimierung Werkstatt

Unstrukturierte Prüfungen werden für die Schadensabwicklung zwar vom Markt gefordert, sie sind aber mit erheblichem manuellem Aufwand verbunden. Einerseits muss eine Infrastruktur für die ganze Texterkennung aufgebaut werden. Anderseits braucht es Mitarbeiter die eine Sichtprüfung der Dokumente machen um die Prüfqualität sicherzustellen.

Wenn wir den gesamten Prozess anschauen wird sehr viel Geld in Kontrolle investiert statt die Qualität zu verbessern bevor die Kontrolle stattfindet, d.h. Symptombekämpfung statt Ursachenanalyse. Dazu kommt, dass die Prüfung von unstrukturierten Dokumenten immer ein Medienbruch bedeutet da ein manueller Eingriff nötig ist. Und noch wichtiger: Der Markt ist bereits mit starken Wettbewerber besetzt.

Aus diesen Gründen möchten wir keine unstrukturierten Prüfungen anbieten sondern das Problem aus einem anderen Blickwinkel angehen (Diversifikation).

Der Anfang vom Prüfprozess ist immer bei der Versicherung die elektronisch die Werkstatt beauftragt.

Die Werkstatt soll entweder ein KVA oder eine Rechnung der Versicherung strukturiert zurücksenden.

Die Wettbewerber versuchen über die internen Werkstattsysteme ihre Lösung anzubinden – ohne Erfolg bisher.

Die Idee ist wie folgt:

Wir müssen die Versicherung davon überzeugen, dass sie mit den Werkstätten nur elektronisch kommunizieren soll. Dazu müssen wir die Kontrolle über die Integration in den Werkstattsystemen erlangen und unser Service tief in das Werkstattsystem integrieren. Der Prozess würde demnach wie folgt ablaufen

- Versicherung beauftragt Werkstatt elektronisch (via XYnet)
- Werkstatt kann direkt aus ihrem bestehendem System KVA oder Rechnung direkt (via XYnet) an die Versicherung zurücksenden
- Daten werden strukturiert übermittelt
- Im XYnet wird die geforderte Dokumentenprüfung basiert auf strukturierten Daten gemacht
- Die Werkstatt kann über Unstimmigkeiten informiert werden bevor der Vorgang versendet wird
- Das Prüfergebnis wird strukturiert an die Versicherung übermittelt

Es gibt kein Bedarf für Papierprüfungen mehr!

Im Marktkonzept werden mögliche Strategien zur Erreichung der Kontrolle über die Werkstattintegration beschrieben.

Vorteilsanalyse

Der Vorteil für die Versicherung ist dass die Qualitätskontrolle mit dieser Lösung auf den Prozessanfang verlagert wird. D.h. die Qualität der einkommenden Vorgänge wird dadurch automatisch höher. Dazu kommt dass die Durchlaufzeit verkürzt wird da alle Daten strukturiert übermittelt werden – es braucht keine manuelle Bearbeitung mehr mitten in der Prozesskette.

Für die Werkstatt ist die Integration mit der Versicherung transparent, d.h. die Werkstatt kann ohne Medienbruch aus ihrem eigenen System heraus die Vorgänge übermitteln.

Für Sachverständige ist eine Werkstattintegration natürlich nicht so interessant. Es wäre aber durchaus möglich Sachverständigenrechnungen zu prüfen. XY entwickelt und betreibt im Eigenregie ein komplettes Sachverständigensystem, d.h. organisatorisch gesehen könnten wir die Integration dieser Prüfung relativ einfach durchführen.

Prozessoptimierung für Haftpflichtfälle

Einer der Wettbewerber hat ein sehr interessantes Konzept entwickelt. Die Grundidee ist die Steuerung von Haftpflichtschäden zu übernehmen bevor die Versicherung es tut.

Der Hintergrund dieser Idee sind die Zahlungskürzungen die die Versicherungen mit Hilfe von Dienstleister anordnen. Durch diese Kürzungen haben die Geschädigten am Ende zu wenig Geld um den Schaden fachgerecht zu reparieren.

Um diese Kürzungen entgegen zu wirken hat der Wettbewerber ein „Schadenzentrum" gegründet für die gesamte Abwicklung von Haftpflichtschäden. Die Hauptkunden dieses Schadenzentrum sind Autohäuser und Händlerbetriebe.

Das folgende Diagramm zeigt wie der Prozess funktioniert.

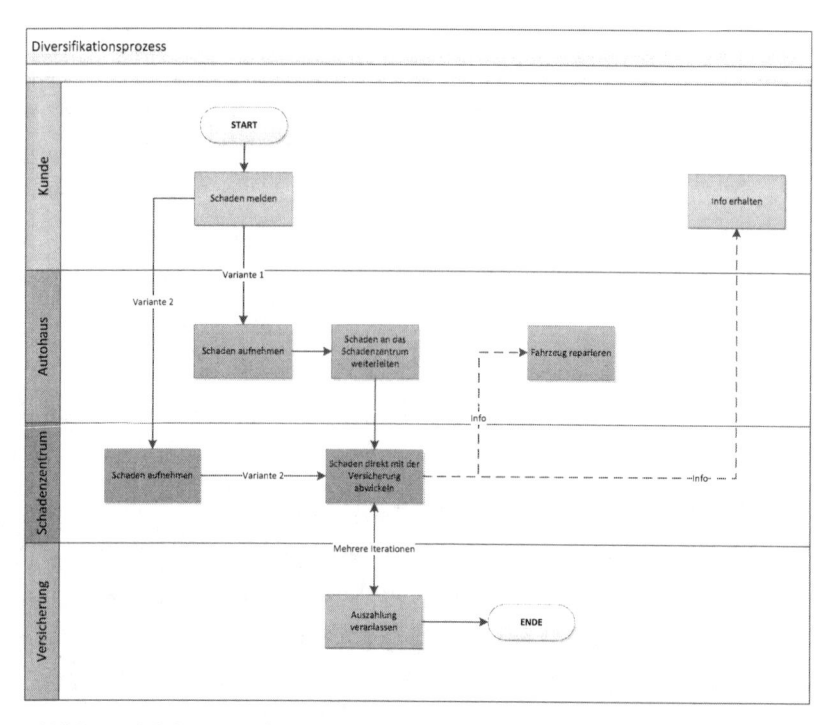

Abbildung 16: Schadenabwicklung mit dem Schadenzentrum

Bemerkung: Es funktioniert nur für Haftpflichtschäden (was immerhin 3.5 mill. Schäden pro Jahr ausmacht) da die Versicherungen immer ihre eigenen Kaskoschäden direkt steuert.

Den Versicherungen gefällt es natürlich nicht dass sie die Haftpflichtfälle nicht mehr im gleichen Grad steuern können und auch nicht Kürzungen so realisieren können wir früher.

Die strategische Option

Die Grundideen der strategischen Option sind wie folgt

- Eine Allianz bilden zwischen dem Wettbewerber, den größten Versicherungen und XY
- Die Versicherung in der Prozessabwicklung für Haftpflichtschäden integrieren
- Der Wettbewerber bietet kostenfreie Rechtsberatung wie bisher (evtl. Revenuesharing mit XY)
- Die Haftpflichtschäden werden kostenfrei über das XY System abgewickelt
- XY liefert kostenpflichtig detaillierte Auswertungen über die gesamte Prozesskette

Rahmenbedingungen

Die folgenden Rahmenbedingungen müssen erfüllt werden damit die Option funktionieren kann

- Der Wettbewerber und die Versicherungen müssen einander als gleichwertige Partner akzeptieren (ist heute nicht der Fall)
- Die Versicherung muss den Vorteil eines vereinfachten Abwicklungsprozesses erkennen und als früher Abnehmer mitmachen wollen
- Die Werkstätte müssen sich verpflichten gewisse Rahmenbedingungen für die Schadenkalkulation und Rechnungstellung einzuhalten

- XY muss die Schadensabwicklung kostenfrei zur Verfügung stellen. Wir können mit Auswertungen Geld verdienen

Vorteilsanalyse

Vorteile für die Versicherungen

- Keine Kosten für externe Prüfdienstleister mehr notwendig, die Gesamtkosten für die Schadenabwicklung gehen zurück
- Die Gesamtabwicklung des Schadens ist kostenfrei
- Negative Pressestimmen wegen Abzockerei und dergleichen wird es nicht mehr geben
- Die Versicherung kann mit dem Slogan „Rechtlich zertifizierte Schadensabwicklung" Werbung machen
- Die Versicherung kann mit den gelieferten Auswertungen Gesamtkosten pro Werkstatt, Marke, Sparte überwachen und für die Schadensteuerung verwenden

Vorteile für den Wettbewerber

- Sie werden weiterhin als Rechtsberater für die Schadensabwicklung benötigt
- Der Umfang der Beratung wird eher zunehmen
- Sie bekommen einen guten Ruf im Markt als „Zertifizierer" vom Schadensprozess

Vorteile für die Werkstätte

- Sie werden nicht mehr streng überwacht sondern die Abwicklung basiert auf gegenseitiges Vertrauen
- Durch die gelieferten Auswertungen können sie Auslastung pro Marke und Versicherung Monitoren und damit besser ihren Ressourcen planen

Vorteile für den Endkunden (der Geschädigte)

- Erhält eine rechtlich abgesicherte Schadensabwicklung
- Wird sich nicht mehr in mühselige Diskussionen und Rechtstreite mit der Versicherung involvieren müssen

Vorteile für XY

- Die intensiven Rechnungsprüfungen von den Konkurrenten braucht es mit dem neuen Prozess nicht mehr
- Statt einer regelmäßigen Prüfung verkaufen wir detaillierte Auswertungen über die Schadensabwicklung
- Mit der kostenfreien Schadensabwicklung heben wir uns von der Konkurrenz ab da sie dies in der umfänglichen Form nicht anbieten

Diese Option muss mit den involvierten Parteien auf Umsetzbarkeit geprüft werden. Wird die Option grundsätzlich akzeptiert gibt es weitere Folgeaktivitäten wie u.a.

- ein Non-disclosure-Agreement zwischen den Parteien abschließen
- ein kommerzielles Model muss vertraglich geregelt werden
- ein gemeinsam finanziertes Projekt muss aufgesetzt werden um einen marktfähiges System zu entwickeln

4.2.3. Technische Weiterentwicklung

Einige der Kundenbedürfnisse fordern eine technische Weiterentwicklung und Modernisierung des Produktes, siehe Tabelle unten. Dazu kommt, wie in der Problemstellung erwähnt, dass wir die Weiterentwicklung auf eine der betriebenen Versionen basieren sollen. Wenn wir die 3 Versionen mit den Bedürfnissen vergleichen (siehe Tabelle unten) ist die Konklusion, dass wir eine Kombination aus der 2. Version mit der vereinfachten Benutzeroberfläche und der 3. Version mit den flexiblen Prüfungsmöglichkeiten bilden müssen. Diese „Zusammenführung" kann parallel mit dem Bedürfnis 10 in der Tabelle kombiniert werden. D.h. die totale Time-to-Market für eine konsolidierte Produktversion beträgt ca. 12 Monate.

Für die sonstigen Bedürfnisse wird unten eine Time-to-Market Schätzung angegeben. Diese Bedürfnisse sind basale Marktbedürfnisse die wir einfach umsetzen müssen. Sie gehören in den Bereich „product maintenance" und bilden notwendige Produkterweiterungen.

Nummer	Bedürfnis	Prio	T2M
5	Kalkulation im neuen Format unterstützen	1	4 Monate
11	Modernisierung der Prüfberichte. Diese sind momentan sehr altmodisch	2	2 Monate
10	Prüfung von alle gängigen Schadenskalkulationen durch ein Regelwerk pro Kunde	3	12 Monate
12	Selbstprüfung für Sachverständige und Werkstätte unterstützen	5	2 Monate
15	Alternative Reparaturwege vorschlagen (z.b. Reparaturkit für Scheinwerfer)	3	6 Monate
16	Verwendete Lohnfaktoren gegen regionale Lohnfaktoren prüfen	4	12 Monate
17	Nachträgliche Korrektur des ProRC Ergebnisses. Z.B kann eine Prüfung auf OK gesetzt werden obwohl die Prüfung NOK gezeigt hatte	4	6 Monate

4.3. Zusammenfassung

Die bisher beschriebenen Produktoptionen können in die vier verschiedenen Bereiche Prüfung, Schadensteuerung, Prozesse und Auswertung gegliedert werden.

Die Idee ist dass der Kunde je nach Bedarf die Produkte kauft die er für seine Geschäftsabwicklung benötigt. Jedes Produkt soll als selbstständiger Service mit eigenem Preis verkauft werden.

Die Grundvoraussetzung die Produkte überhaupt nutzen zu können ist eine Einbindung in das Basissystem XYnet sei es über die Schadenabwicklung oder über eine B2B Integration.

Am Anfang wurde die Frage gestellt ob wir uns als Komplettanbieter für alle Dokumententypen positionieren möchten oder eher als Komplettanbieter für Datenaustausch und Prüfung strukturierter Dokumente. Die Antwort ist die zweite Option da wir mit der vorgeschlagenen Produktoption „Prozessoptimierung Werkstatt" die vielen Dokumententypen gar nicht mehr prüfen müssen.

Aus diesem Grund wird ProRC neu als „Bisheriger ProRC in Kombination mit strukturierte Dokumentenprüfungen" positioniert wie oben dargestellt.

5. Portfolioanalyse

In diesem Kapitel werden die einzelnen Produktoptionen nach den Kriterien Marktattraktivität und Wettbewerbsstärke bewertet um anschließend ein Markteintrittsprofil zu erstellen. Basiert auf dieses Profil lassen sich die Optionen ableiten die im folgenden Marktkonzept weiter berücksichtigt werden sollen. Das Prinzip dieser Bewertung basiert sich ist auf das McKinsey Modell[17].

Die Bewertungskriterien für die Marktattraktivität bzw. Wettbewerbsstärke wurden so ausgewählt, dass die Bewertung ein möglichst präzises Bild der momentanen Marktausgangslage der Produktideen wiedergibt.

Die Kostenposition der einzelnen Produktideen kann an dieser Stelle nicht bewertet werden da bisher nur Produktkonzepte entwickelt wurden und noch keine Markt – und Absatzkonzepte.

Die Bewertung bleibt jedoch eine subjektive Momentaufnahme die kontinuierlich aktualisiert werden muss um sicherzustellen, dass alle umgesetzten strategischen Maßnahmen die erwartete Auswirkung erzielen.

Jedes ausgewählte Kriterium wird mit einem Gewicht, also die Wichtigkeit, und einer Bewertung, d.h. die Stärke versehen. Daraus wird pro Produktinnovation zwei Gesamtbewertungen ermittelt und anschließend in einem Koordinatensystem aufgezeichnet. Die strategische Maßnahme wird anhand der Position im Koordinatensystem abgeleitet.

5.1.1. Kriterien für Marktattraktivität

Die Kriterien für die Bewertung der Marktattraktivität wurden wie folgt definiert.

Kriterien	Beschreibung
Marktwachstum	Der Marktwachstum ist ein Indikation dafür ob die Produktidee auch in Zukunft Erfolg haben kann
Rentabilitätsniveau	Können wir mit dieser Idee Geld verdienen?
Wettbewerbsintensität	Wie umworben ist der Markt für diese Idee?
Markteintrittsbarrieren	Gibt es eine realistische Möglichkeit auf dem Markt einzudringen oder ist der Markt bereits gesättigt?
Preissensitivität	Wie sensitiv sind die Kunden auf den Preis?
Bedürfnisintensität	Welche Priorität hat diese Idee aus Sicht des Kunden?

5.1.2. Kriterien für Wettbewerbsstärke

Die Bewertungskriterien für die Wettbewerbsstärke wurden sind folgt definiert.

Kriterien	Beschreibung
Marktposition	Welche Marktposition hat die Produktidee aus heutiger Sicht?
Relativer Marktanteil	Welchen Marktanteil haben wir?
Leistungsstärke	Wie ist die Produktidee im Konkurrenzvergleich zu bewerten?
Verfügbare Investitionsmittel	Stehen Investitionsmittel für diese Produktidee zu Verfügung?
Betreuungsintensität	Wie viel investieren wir in Kundenbetreuung um diese Produktidee zu verkaufen?

Die einzelnen Produktideen aus dem Produktkonzept wurden nach diesen Kriterien bewertet. Das Produkt in der bisherigen Form wurde zusätzlich mit dem Kriterium Kundenzufriedenheit bewertet. Dieses Kriterium ist für die Ideen aus dem Produktkonzept nicht relevant da es kein bestehendes Produkt gibt.

Die einzelnen Bewertungstabellen sind im Kapitel 0 aufgelistet.

5.2. Bewertung der Optionen

Die Ergebnisse der Optionsanalysen sind im unten gezeigten Koordinatensystem graphisch dargestellt[18].

Da nur das bisherige Produkt auf dem Markt verkauft wird gibt es keine Richtgröße die wir den einzelnen Optionen zuteilen können wie z.b. Umsatzgröße. Die Größe der einzelnen Punkte hat daher keine Bedeutung.

Wettbewerbsposition Marktattraktivität	Niedrig	Mittel	Hoch
Hoch	⚪ Selektiver Ausbau	Ausbau mit Investitionen	⚫ Position verteidigen
Mittel	Expandiere begrenzt oder ernte	Selektion / Abwarten	Selektiver Ausbau
Niedrig	Desinvestition	Abwarten	Verteidigen und Schwerpunkt verlagern

Es ergibt sich also 4 Gruppen (Selektiver Ausbau, Ausbau mit Investitionen, Position verteidigen und Selektion / Abwarten) die unten im einzeln beschrieben werden.

5.2.1. Selektiver Ausbau

Laut [17] gibt es 3 verschiedene Strategien für den selektiven Ausbau – Offensiv, Defensiv und Übergangsstrategie. Die Option der Plausibilitätsprüfung (gelbe Option oben) ist aber – wie im Produktkonzept bereits erwähnt – eine Option die wir aus strategischer Sicht mit höchster Priorität verfolgen müssen da wie sonst in der Gefahr laufen den größten Kunden für das bisherige Produkt zu verlieren. D.h. wir müssen für die Plausibilitätsprüfung eine offensive Strategie fahren.

5.2.2. Ausbau mit Investitionen

Prozessoptimierung Werkstatt

Das Resultat der Portfolioanalyse bestätigt unsere Annahmen in der Marktanalyse und verstärkt die Wichtigkeit in diesen Geschäftsbereich einzutreten.

Management Information und Schadensteuerung

Im Produktkonzept wurde bereits der hohe Nutzenwert von Management Information in Kombination mit Schadensteuerung und als eigenständiges Produkt beschrieben. Es wäre daher zu empfehlen diese Option parallel zur Option „Schadensteuerung" weiterzuverfolgen da ein gleichzeitiger Markteintritt der beiden Optionen einen stärkeren Wettbewerbsvorteil bringt als wenn sie einzeln vermarktet werden.

Bisheriges Produkt

Wie bereits eingangs beschrieben hat das bisherige Produkt einige funktionale Lücken. Das Produkt hat aber für das was es bietet einen guten Ruf im Deutschen Markt. Die Empfehlung ist daher die funktionalen Lücken so schnell wie möglich zu schließen um den bestehenden Markt weiter bedienen zu können. D.h. wir müssen eine Investitionsstrategie kombiniert mit einer Marktverteidigungsstrategie fahren. Es braucht aber kein dediziertes Markt –oder Absatzkonzept für diese Option da das Produkt bereits am Markt existiert.

5.2.3. Position verteidigen

Die Position verteidigen müssen wir bei der „ProRC kombiniert mit SMR". Wir haben in Osteuropa eine gute Startposition um diese Option erfolgreich zu vermarkten. Es gibt bereits Wettbewerber die ähnliche Produkte bereits anbieten. Es empfiehlt sich daher eine schnelle Vermarktung um den Wettbewerbsvorteil auszunutzen.

5.2.4. Selektion und abwarten

In dieser Kategorie befinden sich die ProA Option sowie die Diversifikationsoption.

Die ProA Option hat durchaus ihre Berechtigung, nur müssen die o.g. Optionen mit größerem Erfolgspotenzial erst realisiert werden bevor es sich lohnt Ressourcen in ProA zu investieren.

Für die Diversifikationsoption müsste eine detaillierte Machbarkeitsanalyse mit den Marktteilnehmern durchgeführt werden. Je nach Erfolgschancen kann dann über den weiteren Verlauf entschieden werden.

Wenn wir die Graphik oben betrachten und mit den Ergebnissen aus der Situationsanalyse und die Empfehlungen aus dem Produkt kombinieren ergeben sich folgende Priorisierung der Optionen.

Option	Markt	Priorität
Plausibilitätsprüfung	Versicherung	1
Prozessoptimierung Werkstatt	Versicherung, Werkstatt	2
Schadensteuerung und Management Information	Versicherung, Werkstatt und Sachverständige	3
Prozessoptimierung Haftpflichtfälle	Werkstatt, Geschädigter	4
ProA	Versicherung	5

Für das Marktkonzept werden die drei Produktoptionen mit der größten Priorität berücksichtigt. Diese Optionen müssen laut der Wettbewerbsanalyse kurz bis mittelfristig angegangen werden um die Substitutionsgefahr entgegenzutreten. Die Option „Prozessoptimierung Haftpflichtfälle" muss laut Produktkonzept für den langfristigen Erfolg analysiert werden, wird aber für die kurz bis mittelfristige Neupositionierung nicht berücksichtigt.

6. Marktkonzept

Aus der Situationsanalyse und Portfolioanalyse heraus stellen sich folgenden Fragen die im Marktkonzept beantwortet werden müssen

- Welche Marktsegmente gibt es mit welchen Bedürfnissen
- Welche Märkte müssen wie bearbeitet werden damit XY mit den drei ausgewählten Produktoptionen im Markt erfolgreich werden kann

Für die 3 ausgewählten Optionen werden Strategien ausführlich beschrieben. Für die übrigen Optionen wird eine strategische Empfehlung gegeben.

6.1. Strategische Märkte

Aus der Situationsanalyse können wir folgende Punkte festhalten

- Die Kundenattraktivität der Versicherung für automatisierte Verfahren ist laut Kundenportfolio die größte im Markt
- Obwohl die Kundenattraktivität der Werkstätte und Sachverständige im mittleren Bereich liegen, müssen die Bedürfnisse dieser Marktteilnehmer sehr wohl im Marktkonzept berücksichtigt werden da ohne sie der gesamte Schadenabwicklungsprozess nicht funktioniert
- Die drei restlichen Märkte, Leasing & Fleet, Autohersteller und Geschädigter haben laut Kundenportfolio eine geringe bis mittlere Kundenattraktivität und sind nicht entscheidend für den Schadenabwicklungsprozess der hier betrachtet wird.

Der strategische Fokus für das Marktkonzept muss also auf die drei Märkte Versicherung, Werkstatt und Sachverständige gelegt werden.

Die nächste Frage die sich stellt ist mit welcher Strategie wir den Markt mit den ausgewählten Produktoptionen bearbeiten sollen. Dies wird in den nächsten Abschnitten beschrieben.

6.2. Plausibilitätsprüfung

Es würde uns erhebliche Entwicklungskosten bedeuten wenn wir diese Plausibilitätsprüfung selber entwickeln müssten. Wir können uns aber nicht leisten einen Kunden mit diesem Umsatzpotenziale zu verlieren. Wie oben erwähnt bietet ein Mitbewerber genau diese Prüfung an. Die Strategie die für diese Option verfolgt werden soll ist die Kooperation.

Die Voraussetzungen dass ein Kooperationsvertrag funktionieren kann sind im [21] aufgelistet

- Beide Kooperationspartner müssen ausgeprägte Vorteile einer Kooperation haben
- Strategie und Finanzen der Kooperation müssen geregelt sein
- Organisatorisch muss dafür gesorgt sein, dass die gemeinsame Aktivität nicht als gegenseitige Konkurrenz angesehen wird

Was die Vorteile betrifft kann folgendes festgehalten werden

- XY hat ein Vorteil von einer Kooperation – wir müssen die Lösung nicht selber entwickeln
- Der Wettbewerber kann seine begrenzte Erreichbarkeit im Markt mit XYnet deutlich erhöhen und damit die Vermarktung ihrer Lösung verstärken

Was Strategie und Finanzen angeht, wäre eine mögliche Definition wie folgt

- Der Wettbewerber und XY vereinbaren ein Kooperationsvertrag mit dem Ziel die Plausibilitätsprüfung vom Wettbewerber via das XY System anzubieten
- Pro verkaufte Prüfung zahlt XY einen festgelegten Betrag an den Wettbewerber
- Der Wettbewerber bekommt Zugang zur Dokumentation der XY Kalkulation
- Der Wettbewerber bekommt Zugang XY Kalkulationen zu erstellen. Pro Kalkulation zahlt der Wettbewerber einen festgelegten Betrag an XY
- Die Kosten für die Integration der Lösung des Wettbewerbers im XY System werden vollumfänglich von XY getragen
- Kosten für Integration von XY Kalkulationen in der Lösung des Wettbewerbers werden vollumfänglich vom Wettbewerber getragen
- Der Wettbewerber darf die gleiche Leistung nicht in Kooperation mit anderen Mitbewerber anbieten

Die Organisation könnte folgendermaßen geregelt werden

- XY und der Wettbewerber ernennten je zwei Mitarbeiter die für den Kontakt verantwortlich sind
- Einer als Hauptverantwortlicher und einer als Stellvertretung
- XY und der Wettbewerber informieren ihre Mitarbeiter ausführlich über die vereinbarten Kooperationsverträge und deren Ziel

Die Art der Kooperation soll eine Teil-Kooperation sein da wir nur über den gemeinsamen Vertrieb einer spezifischen Lösung zusammenarbeiten.

Für den Fall, dass ein Kooperationsvertrag nicht zu Stande kommt, sollen folgende Alternativen untersucht werden

- Übernahme des Wettbewerbers durch XY
- Untersuchen ob es andere Partner im Markt gibt die XY bei dieser Lösung unterstützen könnte
- Was würde es bedeuten wenn XY trotz allem selber die Lösung implementieren müsste

6.3. Prozessoptimierung für Werkstätte

Die Strategie die für diese Produktoption verfolgt werden muss ist eine strukturelle Diversifikation. Wir möchten in einen neuen Industriezweig eintreten (Werkstattsysteme) für bisherige Bedürfnisse (automatisierte Verfahren für die automotive Schadenregulierung).

Dazu müssen wir die Versicherungen davon überzeugen in Zukunft nur noch über strukturierte Daten mit den Werkstätten zu kommunizieren, d.h. Werkstattbeauftragung sowie der Rückversand läuft strukturiert über XYnet.

In einem Land wurde diese Option bereits erfolgreich umgesetzt. Unsere dortige Ländergesellschaft hat zwei Lieferanten von Werkstattsystemen übernommen und die strukturierte Kommunikation inklusive Prüfungen erfolgreich auf den Markt gebracht.

Es wird sicherlich einiges an Zeit in Anspruch nehmen die Versicherungen von neuen Prozessen zu überzeugen. Die Motivation für die Versicherung ist dass sie alle Daten der elektronischen Prozessabwicklung mit der Werkstatt bekommt – nicht nur diejenigen Daten die der Dienstleister aus der Papierprüfung übermittelt.

Die Versicherung kann basiert auf diesen Daten ihre interne Auswertungen für beispielsweise Risikoeinschätzungen weiterverwenden.

Aus der Erfahrung wissen wir[21], dass Diversifikationen sehr genau geprüft werden müssen da der Erfolg in der Regel lange auf sich warten lässt. In diesem Fall gibt es sehr gute Gründe diese Diversifikation weiter zu verfolgen:

1. Der Anfang vom Prozess, die Werkstattbeauftragung sowie der Rückversand an die Versicherung läuft strukturiert über XYnet
2. Es gibt damit kein Bedarf mehr für weder Versand noch Prüfung von Papierdokumenten, d.h. die Wettbewerber werden aus dem Werkstattprozess verdrängt
3. Wir können den Prüfungsprozess automatisieren da alle Prüfungen über strukturierte Daten laufen

Die Erfolgsposition ist damit gegeben.

Die Diversifikation muss auf Dauer aber finanzierbar sein. Wir haben dafür grundsätzlich genügend finanzielle Mittel.

Die technische Voraussetzung, dass diese Option funktionieren kann, ist dass XY Kontrolle über die Integration im Werkstattsystem (auch DMS - Dealer Management System genannt) bekommt. Zudem muss dafür gesorgt werden, dass die von der Versicherung geforderten Prüfungen im System verfügbar sind.

Die Kontrolle über die DMS-Integration kann auf folgender Weise erreicht werden

1. Eine möglichst exklusive Kooperation mit einen oder mehreren DMS-Lieferanten für die Integration
2. Übernahme von einen oder mehreren DMS-Lieferanten

Aus einer internen Studie wissen wir, dass ein Wettbewerber bereits die Integration ihre Systeme in mehreren DMS Systeme vorantreibt. Daher ist ein exklusiver Kooperationsvertrag mit einem DMS-Lieferanten der heute bereits mit dem Wettbewerber zusammenarbeitet eher unwahrscheinlich.

Als Alternative steht die Überlegung einen Lieferanten komplett zu übernehmen. Der Vorteil einer Übernahme ist dass wir die volle Kontrolle der Integration bekommen. Der Nachteil ist dass Übernahmen sehr lange dauern können.

Mit einem Kooperationsvertrag kann das konkrete Vorhaben meistens schneller in Taten umgesetzt werden.

Kombiniert mit dieser Option können value added Services wie z.B. Schadensteuerung, fiktive Abrechnung verkauft werden und die Austrittsbarriere des Kunden erhöht werden.

6.4. Schadensteuerung und Management Information

Wie im Produktkonzept beschrieben funktionieren diese Produktoptionen nur für Kunden die ihren Prozess über XYnet abwickeln. D.h. sie können für bestehende Kunden als zusätzliches Produkt verkauft werden sowie als Teil eines Angebots für Neukunden. Je nach Kundenbedarf könnte es sinnvoll sein die einzelnen Produkte innerhalb der Schadensteuerung (fiktive Abrechnung, Totalschadenbewertung, Predicitive Analytics und Reparaturfreigabe) zu priorisieren und diese dann stufenweise auf dem Markt zu bringen.

Die Strategie die hier gefahren wird ist Steigerung und Verteidigung der Marktanteile.

Marktanteile für diese Option können mit folgenden Aktivitäten gewonnen werden

- Die Option für Bestehende Kunden präsentieren
- Option als Zusatzleistung für Werbung von Neukunden einsetzen
- Die starke Konnektivität von XYnet als Durchdringung der direkten Konkurrenz verwenden

- Zusätzliche Services wie z.b. fiktive Abrechnung oder die Totalschadenbewertung können flexibel dazu gekauft werden

Bereits gewonnene Marktanteile können wie folgt verteidigt werden

- Hohe Austrittsbarriere des Kunden kann mit einer engen Kundenintegration erfolgen. Prozessabwicklung über XYnet ist an sich eine enge Kundenintegration
- Längerfristige Verträge aufsetzen – ein weiteres Mittel zur Kundenbindung
- Flexibler Kundensupport anbieten damit die Kundenpräferenz kontinuierlich hoch gehalten wird

6.5. Nächste Schritte

Die drei erwähnten Optionen müssen parallel vorangetrieben werden damit wir so schnell wie möglich die identifizierten Zielmärkte mit einer Lösung beliefern. Die operationellen Aktivitäten die als nächstes gestartet werden müssen sind unten pro Option aufgelistet.

Option „Plausibilitätsprüfung"

Demnächst fangen die Verhandlungen mit einem Wettbewerber über einen Kooperationsvertrag an. Parallel dazu muss – wie oben erwähnt – ein Marktresearch über alternative Partner gestartet werden sowie eine Abschätzung was es kosten würde eine eigene Lösung zu entwickeln.

Option „Prozessoptimierung für Werkstätte"

Die ersten Aktivitäten wären hier

- Lösungskonzept für die Produktoption ausarbeiten
- Kontakt mit DMS-Lieferanten aufzunehmen mit denen wir bereits in anderen Bereichen kooperieren und denen das Konzept vorstellen
- Versuchen Kooperationsvertrag mit einen oder mehreren Lieferanten abzuschließen

- Parallel dazu unsere interne Abteilung für „Merge and Aquisition" beauftragen mögliche Kandidaten für eine Übernahme zu suchen

Option „Schadensteuerung und MI"

Wir können bereits heute anfangen einen Anforderungskatalog mit bestehenden Kunden zusammenzustellen. Sobald der Katalog mit den Kunden abgenommen wurde kann dieser an die Softwareentwicklung weitergegeben werden.

6.6. Zusammenfassung

Mit den beschriebenen Optionen haben wir eine Antwort auf die Substitutionsgefahren die in der IST-Analyse identifiziert wurden. Unten werden diese kurz zusammengefasst

- Mit der Option „Prozessoptimierung Werkstatt" versuchen wir das Bedürfnis für Papierprüfungen zu eliminieren was das Herzstück der Leistungen der Wettbewerber ausmacht
- Wir haben bereits eine ausgereifte Lösung für E2E Prozessabwicklung. Diese müssen wir verstärkt in den bestehenden Markt an neue Kunden verkaufen
- Wir haben für die Plausibilitätsprüfung momentan keine Alternative zu einem Kooperationsvertrag, d.h. hier sind wir was die Substitutionsgefahr angeht am schwächsten aufgestellt
- Wir planen die Markteinführung von der Erweiterung von ProRC mit Service und Wartungsdaten bis November 2014

7. Konklusion

Die Zielsetzung dieser Arbeit war es eine Produkt und Marktstrategie vom Produkt „ProRC" zu erarbeiten.

Die Situationsanalyse hat ergeben, dass es vier Hauptbereiche gibt die unser ProRC funktional momentan nicht abdecken kann

- Prüfung von gedruckten Papierdokumente

- Prozessintegration mit der Werkstatt
- Schadensteuerung basiert auf die Dokumentenprüfung
- Plausibilitätsprüfung

Das Produkt – und Marktkonzept hat ergeben, dass folgenden Strategien verfolgt werden müssen um diese Produktlücken zu schließen

- In Kooperation mit Versicherungen die strukturierte Kommunikation mit Werkstätten vorantreiben
- Integration von Werkstattsystem-Lieferanten um die Prozessintegration mit der Werkstatt voranzutreiben
- Die Marktanteile für Schadensteuerungen sollen parallel und in Kombination mit der Werkstattintegration erweitert werden
- Ein Kooperationsstrategie mit Wettbewerbern soll uns ermöglichen die Plausibilitätsprüfung unseren Kunden anzubieten

Die Produkt – und Marktstrategie vom Produkt ProRC kann wie folgt zusammengefasst werden.

- ProRC soll als Kernprodukt beibehalten werden, muss aber technisch aktualisiert werden
- Produkte zur Schadensteuerung, Management Information sowie die Plausibilitätsprüfung sollen als value added Services zusätzlich zu ProRC verkauft werden
- Die beschriebene Prozessoptimierung für Werkstätte muss vorangetrieben werden, damit wir die Voraussetzungen schaffen
- Marktanteile zu gewinnen
- Leistungsvorsprung gegenüber der Konkurrenz zu verwirklichen
- Höheren Kundennutzen zu bieten als die bisherigen Lösungen

8. Ausblick

In dieser Seminararbeit wurde eine Produkt – und Marktstrategie für das Produkt ProRC entwickelt. Damit sichergestellt wird, dass die entwickelten Strategien auch erfolgreich umgesetzt werden, sind weitere Maßnahmen notwendig.

- Die entwickelte Strategie muss durch die Ländergesellschaft nachgeprüft und abgenommen werden
- Weiter muss ein Absatzkonzept in enger Kooperation entwickelt werden. Dies stellt sicher, dass das Produkt den Marktverhältnissen entsprechend in den Markt gebracht wird (Werbung, Verkauf und Preis)
- Das vorhandene Controllingkonzept muss überarbeitet werden. Momentan wird nur der Produktumsatz geprüft, die Kostenseite wird nicht berücksichtigt. Dazu muss das Produktmanagement Team stärker im Controllingverfahren eingebunden werden damit aus den Ergebnissen Maßnahmen getroffen werden können
- Es gibt kein Instrument zur Steuerung oder Überwachung der Kundenzufriedenheit. Organisatorisch müsste es in der deutschen Ländergesellschaft aufgesetzt werden. Zudem muss dafür gesorgt werden
- dass die gewonnenen Erkenntnisse regelmäßig in die Produktentwicklung in Zürich einfließen
- Die Verhaltensanalyse der Wettbewerber muss aufgesetzt werden. Am besten werden dedizierte Produktmanager dafür eingesetzt damit die Verhaltensanalyse nicht durch andere Aktivitäten vernachlässigt wird

Für die Strategien als solches ist wichtig dass sie „gelebt" werden. Es ist keine einmalige Übung eine Strategie zu entwickeln – sie muss kontinuierlich aktualisiert werden und regelmäßig mit den relevanten Interessengruppen nachgeprüft werden. Insbesondere in eine Organisation wo die Verantwortungen geographisch verteilt sind, bekommt dies einen hohen Stellenwert.

9. Appendix – Bewertungskriterien für die Portfolios

9.1. Bewertungstabellen für die Optionen aus dem Produktkonzept

9.1.1. ProRC in der bisherigen Form

Analyse der Marktattraktivität

Kriterien	Gewichtung	Bewertung (1=schwach, 10=stark)	Punkte
Marktwachstum	15%	6	0.9
Rentabilitätsniveau	10%	8	0.8
Wettbewerbsintensität	20%	9	1.8
Markteintrittsbarrieren	10%	7	0.7
Preissensitivität	10%	7	0.7
Bedürfnisintensität	15%	9	1.35
Kundenzufriedenheit	20%	8	1.6
Summe	100%		7.85

Analyse der Wettbewerbsstärke

Kriterien	Gewichtung	Bewertung (1=schwach, 10=stark)	Punkte
Marktposition	20%	8	1.6
Relativer Marktanteil	20%	8	1.6
Leistungsstärke	20%	9	1.8
Verfügbare Investitionsmittel	20%	2	0.4
Betreuungsintensität	20%	2	0.4
Summe	100%		5.8

9.1.2. Prozessoptimierung Werkstatt

Analyse der Marktattraktivität

Kriterien	Gewichtung	Bewertung (1=schwach, 10=stark)	Punkte
Marktwachstum	10%	5	0.5
Rentabilitätsniveau	10%	5	0.5
Wettbewerbsintensität	30%	8	2.4
Markteintrittsbarrieren	25%	10	2.5
Preissensitivität	10%	7	0.7
Bedürfnisintensität	15%	9	1.35
Summe	100%		7.95

Analyse der Wettbewerbsstärke

Kriterien	Gewichtung	Bewertung (1=schwach, 10=stark)	Punkte
Marktposition	5%	1	0.05
Relativer Marktanteil	5%	1	0.05
Leistungsstärke	40%	2	0.8
Verfügbare Investitionsmittel	30%	8	2.4
Betreuungsintensität	20%	2	0.4
Summe	100%		3.7

9.1.3. ProA

Analyse der Marktattraktivität

Kriterien	Gewichtung	Bewertung (1=schwach, 10=stark)	Punkte
Marktwachstum	5%	5	0.25
Rentabilitätsniveau	10%	6	0.6
Wettbewerbsintensität	25%	6	1.5
Markteintrittsbarrieren	30%	6	1.8
Preissensitivität	10%	5	0.5
Bedürfnisintensität	20%	5	1
Summe	100%		5.65

Analyse der Wettbewerbsstärke

Kriterien	Gewichtung	Bewertung (1=schwach, 10=stark)	Punkte
Marktposition	10%	1	0.1
Relativer Marktanteil	15%	2	0.3
Leistungsstärke	35%	8	2.8
Verfügbare Investitionsmittel	10%	7	0.7
Betreuungsintensität	30%	2	0.6
Summe	100%		4.5

9.1.4. Schadensteuerung

Analyse der Marktattraktivität

Kriterien	Gewichtung	Bewertung (1=schwach, 10=stark)	Punkte
Marktwachstum	20%	6	1.2
Rentabilitätsniveau	10%	7	0.7
Wettbewerbsintensität	30%	9	2.7
Markteintrittsbarrieren	20%	9	1.8
Preissensitivität	10%	5	0.5
Bedürfnisintensität	10%	8	0.8
Summe	100%		7.7

Analyse der Wettbewerbsstärke

Kriterien	Gewichtung	Bewertung (1=schwach, 10=stark)	Punkte
Marktposition	10%	3	0.3
Relativer Marktanteil	5%	2	0.1
Leistungsstärke	40%	8	3.2
Verfügbare Investitionsmittel	25%	8	2
Betreuungsintensität	20%	2	0.4
Summe	100%		6

9.1.5. Management Information

Analyse der Marktattraktivität

Kriterien	Gewichtung	Bewertung (1=schwach, 10=stark)	Punkte
Marktwachstum	25%	8	2
Rentabilitätsniveau	10%	8	0.8
Wettbewerbsintensität	10%	7	0.7
Markteintrittsbarrieren	10%	6	0.6
Preissensitivität	5%	4	0.2
Bedürfnisintensität	40%	9	3.6
Summe	100%		7.9

Analyse der Wettbewerbsstärke

Kriterien	Gewichtung	Bewertung (1=schwach, 10=stark)	Punkte
Marktposition	10%	3	0.3
Relativer Marktanteil	10%	2	0.2
Leistungsstärke	40%	8	3.2
Verfügbare Investitionsmittel	10%	7	0.7
Betreuungsintensität	30%	5	1.5
Summe	100%		5.9

9.1.6. Plausibilitätsprüfung

Analyse der Marktattraktivität

Kriterien	Gewichtung	Bewertung (1=schwach, 10=stark)	Punkte
Marktwachstum	0%	3	0
Rentabilitätsniveau	20%	6	1.2
Wettbewerbsintensität	20%	9	1.8
Markteintrittsbarrieren	0%	4	0
Preissensitivität	0%	2	0
Bedürfnisintensität	60%	10	6
Summe	100%		9.0

Analyse der Wettbewerbsstärke

Kriterien	Gewichtung	Bewertung (1=schwach, 10=stark)	Punkte
Marktposition	15%	1	0.15
Relativer Marktanteil	10%	1	0.1
Leistungsstärke	35%	1	0.35
Verfügbare Investitionsmittel	30%	3	0.9
Betreuungsintensität	10%	2	0.2
Summe	100%		1.7

9.1.7. Diversifikation

Analyse der Marktattraktivität

Kriterien	Gewichtung	Bewertung (1=schwach, 10=stark)	Punkte
Marktwachstum	5%	1	0.05
Rentabilitätsniveau	5%	1	0.05
Wettbewerbsintensität	20%	8	1.6
Markteintrittsbarrieren	50%	8	4
Preissensitivität	15%	3	0.45
Bedürfnisintensität	5%	2	0.1
Summe	100%		6.25

Analyse der Wettbewerbsstärke

Kriterien	Gewichtung	Bewertung (1=schwach, 10=stark)	Punkte
Marktposition	20%	1	0.2
Relativer Marktanteil	5%	1	0.05
Leistungsstärke	30%	8	2.4
Verfügbare Investitionsmittel	5%	4	0.2
Betreuungsintensität	40%	1	0.4
Summe	100%		3.25

9.2. Bewertungstabellen für das Kundenportfolio

9.2.1. Versicherung

Analyse der Kundenattraktivität

Kriterien	Gewichtung	Bewertung (1=schwach, 10=stark)	Punkte
Auftragsgrösse	50%	9	4.5
Folgegeschäft	25%	7	1.75
Preisempfindlichkeit	25%	8	2
Summe	100%		8.25

Analyse der Wettbewerbsstärke

Kriterien	Gewichtung	Bewertung (1=schwach, 10=stark)	Punkte
Relativer Marktanteil	30%	4	1.2
Kundenbeziehung	40%	6	2.4
Kundenspez. Leistungsvorteile	30%	5	1.5
Summe	100%		5.1

9.2.2. Sachverständiger

Analyse der Kundenattraktivität

Kriterien	Gewichtung	Bewertung (1=schwach, 10=stark)	Punkte
Auftragsgrösse	30%	7	2.1
Folgegeschäft	30%	5	1.5
Preisempfindlichkeit	40%	7	2.8
Summe	100%		6.4

Analyse der Wettbewerbsstärke

Kriterien	Gewichtung	Bewertung (1=schwach, 10=stark)	Punkte
Relativer Marktanteil	30%	4	1.2
Kundenbeziehung	40%	6	2.4
Kundenspez. Leistungsvorteile	30%	7	2.1
Summe	100%		5.7

9.2.3. Werkstatt

Analyse der Kundenattraktivität

Kriterien	Gewichtung	Bewertung (1=schwach, 10=stark)	Punkte
Auftragsgrösse	30%	3	0.9
Folgegeschäft	20%	4	0.8
Preisempfindlichkeit	50%	7	3.5
Summe	100%		5.2

Analyse der Wettbewerbsstärke

Kriterien	Gewichtung	Bewertung (1=schwach, 10=stark)	Punkte
Relativer Marktanteil	40%	6	2.4
Kundenbeziehung	30%	6	1.8
Kundenspez. Leistungsvorteile	30%	7	2.1
Summe	100%		6.3

9.2.4. Leasing & Fleet

Analyse der Kundenattraktivität

Kriterien	Gewichtung	Bewertung (1=schwach, 10=stark)	Punkte
Auftragsgrösse	40%	5	2
Folgegeschäft	30%	3	0.9
Preisempfindlichkeit	30%	5	1.5
Summe	**100%**		**4.4**

Analyse der Wettbewerbsstärke

Kriterien	Gewichtung	Bewertung (1=schwach, 10=stark)	Punkte
Relativer Marktanteil	20%	4	0.8
Kundenbeziehung	40%	7	2.8
Kundenspez. Leistungsvorteile	40%	7	2.8
Summe	**100%**		**6.4**

9.3. Bewertungstabelle für das Produktportfolio

Analyse der Marktattraktivität

Kriterien	Gewichtung	Bewertung (1=schwach, 10=stark)	Punkte
Marktvolumen	30%	7	2.1
Marktwachstum	30%	4	1.2
Rentabilitätsniveau	40%	7	2.8
Summe	100%		6.1

Analyse der Wettbewerbsstärke

Kriterien	Gewichtung	Bewertung (1=schwach, 10=stark)	Punkte
Flexibilität	40%	4	1.6
Relativer Marktanteil	30%	4	1.2
Bekanntheitsgrad	30%	6	1.8
Summe	100%		4.6

Glossar

KVA	Kostenvoranschlag. Synonym mit Schadenskalkulation
SMR	Service Maintenance Repair. Kalkulation spezifisch für Service und Wartungsreparaturen
DAT	Deutscher Automobil Treuhand
RC	Produkt ProRC
SV	Einzelner KFZ Sachverständiger
SVO	Sachverständiger Organisation. Organisation wie z.b. DEKRA die Gutachten im Auftrag von Versicherungen erstellen
WBW	Wiederbeschaffungswert

Literaturverzeichnis

[1] ACEA Communications Departement: The automotive industry pocket guide 2013. http://www.acea.be/uploads/publications/POCKET_GUIDE_13.pdf

[2] Weyer Peter: Ausgebremst und abgezockt. http://www.stern.de/wirtschaft/versicherung/haftpflichtversicherungen-ausgebremst-und-abgezockt-608920.html

[3] Mielchen & Coll.: Unser Auto-Schaden-Management-Service (Auto-SMS). http://www.mielco.de/auto-sms/auto-sms.php

[4] Meier, Susanna: Kürzungen vermeiden. http://www.mielco.de/uf/SD-SMS-Mielchen-08-01-09.pdf

[5] AG Brühl: AG Brühl urteilt zu den Kosten eines nach Ansicht der Versicherung unbrauchbaren Gutachtens mit bedenklicher Urteilsbegründung. http://www.captain-huk.de/urteile/ag-bruhl-urteil-zu-den-kosten-eines-nach-ansicht-der-versicherung-unbrauchbaren-gutachtens-mit-bedenklicher-urteilbegrundung-urt-des-ag-bruhl-vom-19-9-2013-22-c-17713/

[6] Pfauntsch, B. M., Müller A., und Pfauntsch W.K.: KH gerät ohne Anwalt außer Kontrolle. http://www.auto-sms.de/ufile/071214SchadenBusiness.pdf

[7] SoftProject: AUTOMATISIERTE DOKUMENTENPRÜFUNG. http://www.softproject.de/files/Documents/Broschueren/Broschuere-X4-AutoCheck.pdf

[8] TecRMI: TecCONTROL. http://www.tecrmi.com/produkte/teccontrol.html

[9] DAT: DAT Report 2014. http://www.dat.de/uploads/DATReport_2014/pubData/source/804.pdf

[10] *Fahrzeugbestand: Statistisches Bundesamt Deutschland.* https://www.destatis.de/DE/ZahlenFakten/Wirtschaftsbereiche/TransportVerkehr/UnternehmenInfrastrukturFahrzeugbestand/Tabellen/Fahrzeugbestand.html

[11] *www.statista.com: Schadensfälle in der Kfz-Versicherung (Haftpflicht, Teil-, Vollkasko) in Deutschland von 2000 bis 2011 (in Millionen).* http://de.statista.com/statistik/daten/studie/36612/umfrage/kfz-versicherungen-schadensfaelle-seit-2000/

[12] *SGBS: Studienunterlagen, Kapitel 2, „Produktkonzept*

[13] *BVSK: BVSK-Information für Autofahrer.* http://www.bvsk.de/uploads/media/01-willkuerliche-Kuerzungen2pdf.pdf

[14] *Bundesgerichthof: § 249 Art und Umfang des Schadensersatzes.* http://www.gesetze-im-internet.de/bgb/__249.html

[15] *Controlling Wiki: Portfolio.* http://www.controlling wiki.com/de/index.php?title=Portfolio&stable=1

[16] *Telefonanruf mit Berliner SV-Büro ihr-gutachten.com: Ihr-gutachten.com*

[17] *Wikipedia: McKinsey-Portfolio.* http://de.wikipedia.org/wiki/McKinsey-Portfolio

[18] *Controlling-wiki: Marktattraktivitäts-Wettbewerbsvorteils-Portfolio nach McKinsey.* http://www.controlling-wiki.com/de/index.php/Marktorientierte_Strategien

[19] *SGBS: Studienunterlagen, Band 1, Kapitel 6, „Portfoliomanagement"*

[20] *DAT: „SilverDAT myClaim" – die Antwort der DAT auf die Herausforderungen bei der Steuerung von Prozessen im Kfz-Gewerbe.* http://www.dat.de/aktuell/news/silverdat-myclaim-die-antwort-der-dat-auf-die-herausforderungen-bei-der-steuerung-von-prozesse.html

[21] *SGBS: Studienunterlagen, Band 2, Kapitel 4 „Marktkonzept"*

[22] *AutoHaus: Solera übernimmt das Unternehmen Sachcontrol.* http://www.autohaus.de/schadenmanagement-solera-uebernimmt-das-unternehmen-sachcontrol-1377190.html

[23] *SGBS: Studienunterlagen, Band 1, Kapitel 5, Seite 36*

Kurzprofil – J. Schmidt

J. Schmidt

Berufspraxis

Seit 04/2012   **Product Manager**

Seit 01/2007   **Business Analyst**

03/2003 – 12/2006   **SW-Engineer**

Ausbildung

1992 – 2000   Aarhus Universitet
(Master of Computer Schience)

Entwicklung eines Business Plans für das Unternehmensgründungsprojekt AUBERG®

Michael Klade

Inhaltsverzeichnis

Abkürzungsverzeichnis 94

1. Einleitung 95

2. Entrepreneurship 96
    2.1. Definition und Abgrenzung des Entrepreneurship-Begriffes 96
    2.2. Einordnung in den wirtschaftlichen Zusammenhang 98
    2.3. Ursachen von Gründungen 99
    2.4. Die Wahl der Rechtsform des Unternehmens (in Österreich) 101
    2.5. Die Rolle der Planung in Unternehmensgründungen 103
    2.6. Zusammenfassung und praktische Relevanz für das
    gegenständliche Unternehmensgründungsprojekt 108

3. Märkte und Marktforschung 109
    3.1. Begriffsdefinitionen 109
    3.2. Die Beschreibung des relevanten Marktes 111
    3.3. Marktsegmentierung 113
    3.4. Trendforschung 116
    3.5. Methoden der Informationsbeschaffung 118
    3.6. Anwendbarkeit von Marktforschungsinstrumenten für das
    gegenständliche Gründungsprojekt 122

4. Produktentwicklung 125
    4.1. Produktdefinition 125
    4.2. Produktprogramm und Produktlinie 128
    4.3. Produktinnovation 130
    4.4. Produktentwicklung als Integrale Produktgestaltung 133
    4.5. Produktentwicklung aus Sicht des Neuromarketing 135
    4.6. „Tuwun" - Produktentwicklung mithilfe zielgerichteter
    Marktgespräche 136
    4.7. Anwendungsmöglichkeiten strukturierter Produktentwicklungs-
    methodik im gegenständlichen Gründungsprojekt 137

5. Strategie 139
    5.1. Begriffsdefinitionen 139
    5.2. Der General Management Navigator 142
    5.3. Positionierung 144
    5.4. Geschäftsmodell 146
    5.5. Strategietypen 148

5.5.1. Normstrategien 148
5.5.2. Branchenanalyse und Wettbewerbsstrategien 149
5.5.3. Marktfeldstrategien nach Ansoff 151
5.5.4. Funktionale Strategien mit besonderem Augenmerk auf die Marketing-Strategie 152
5.6. E-Commerce-Strategie **158**
5.7. Umlegung der gewonnenen theoretischen Erkenntnisse auf vorliegendes Gründungsprojekt **161**

6. Business Plan für das Unternehmensgründungsprojekt AUBERG® (gekürzt) **162**

 6.1. Executive Summary **162**
 6.2. Beschreibung der Geschäftsidee **162**
 6.3. Produkte **163**
  6.3.1. Herkunftsorientierung des Produktprogrammes – Grundpositionierung von AUBERG® 163
  6.3.2. Drei Produktwelten 163
 6.4. Marktanalyse **163**
  6.4.1. Vorgangsweise 163
  6.4.2. Das Leistungsangebot von AUBERG ® liegt im Trend der Zeit 163
  6.4.3. Marktanalyse für den Erzeugungsbetrieb AUBERG® Manufaktur für den österreichischen Markt 166
 6.5. Branchen- und Umfeldanalyse **167**
 6.6. Geschäftsfeldstrategie **169**
 6.7. Marketingstrategie und E-Commerce-Elemente **169**
 6.8. Ressourcen & Struktur **170**
 6.9. Zeitplan **171**

7. Zusammenfassung **172**

Literaturverzeichnis **176**

Abbildungsverzeichnis

Abbildung 1: Gegenüberstellung von Vorschlägen für Struktur und Inhalt von Feasibility Study und Business Plan ausgewählter Autoren,, ... 106

Abbildung 2: SINUS-Milieus von Österreich (aktualisiert 2011) 114

Abbildung 3: Die Limbic® Types und ihre Verteilung in Deutschland 115

Abbildung 4: Der TrendCircle fasst 30 globale Trendsignale in 6 Belohnungsdimensionen des Neuromarketing zusammen 117

Abbildung 5: Phasen von der Marktforschung bis zur Produkteinführung mit sinnvoll anzuwendenden Marktforschungsinstrumenten nach dem Stand der Wissenschaft 124

Abbildung 6: Produktdimensionen nach Kotler 126

Abbildung 7: Grundlegende Handlungsoptionen der Produktliniengestaltung .. 130

Abbildung 8: Product Life Cycle 131

Abbildung 9: Wechselwirkungen in der „Integralen Produktgestaltung" 133

Abbildung 10: Limbic Map der Gruppe Nymphenburg 136

Abbildung 11: Graphische Darstellung des General Management Navigator.... 143

Abbildung 12: Wertkettenmodell von Michael E. Porter 147

Abbildung 13: Geschäftsmodell nach Osterwalder & Pigneur 148

Abbildung 14: Die Einflussgrößen auf die Wettbewerbsintensität einer Branche 150

Abbildung 15: Produktfeld-Markt-Kombinationen nach Ansoff 152

Abbildung 16: Systematik von Marketingstrategien und strategischen Optionen nach Meffert 154

Abbildung 17: Integrierte Darstellung von Marketing-Strategie und Marketing-Mix nach Philip Kotler 155

Abbildung 18: Markensteuerrad zur Darstellung von Markenidentitäten 157

Abbildung 19: Die dem Leistungsangebot von AUBERG® zugrundeliegenden Trends im TrendCircle. 165

Abbildung 20: Geschäftsmodell des Erzeugungsbetriebes AUBERG® 169

Abbildung 21: Zeitplan der formalen Gründungsphase von AUBERG® einschließlich Erstellung des Business-Planes als Finanzierungsgrundlage 171

Tabellenverzeichnis

Tabelle 1: Bewertung der beschriebenen Managementinstrumente der Entrepreneurship-Literatur für das vorliegende Gründungsprojekt 109

Tabelle 2: Quantitative Merkmale von relevanten Märkten 112

Tabelle 3: Bausteine für die Planung der Primärdatenerfassung 118

Tabelle 4: Bewertung der beschriebenen Managementinstrumente der Marktforschung für das vorliegende Gründungsprojekt 125

Tabelle 5: 6 Produktperspektiven 128

Tabelle 6: Bewertung der beschriebenen Managementinstrumente der Produktentwicklung für das vorliegende Gründungsprojekt 139

Tabelle 7: Bewertung der beschriebenen Managementinstrumente aus dem Themenbereich der Strategie für das vorliegende Gründungsprojekt 161

Tabelle 8: Gesundheitsausgaben in Österreich zwischen 2005 und 2012 im Vergleich zur Gesamtwirtschaftsleistung 164

Tabelle 9: Marktentwicklung der Branchen Ernährung, Gesundheitsprodukte und Körperpflege von 1999 bis 2010 166

Abkürzungsverzeichnis

Abb.	Abbildung
APQP	Advance Product Qualtiy Plan
BSC	Balance Score Card
bzw.	Beziehungsweise
DACH- Ländern	Deutschland, Österreich und Schweiz
DFM	Design for Manufacturing
DIN EN	Deutsches Institut für Normung
FMEA	Fehlermöglichkeits- und Einflussanalyse
FTA	Falt Tree Analyses
FDCT	Front Dobule Clutch Transmission
ggf	Gegebenenfalls
HK	Herstellungs- Kosten
HW	Hardware
HoQ	House of Quality
ISO-Norm	Internationalen Organisation für Normung
life-cycle-cost	Kosten über die Lebensdauer des Produktes
QFD	Quality Function Deployment
VDA	Verband der Automobilindustrie

1. Einleitung

Die vorliegende Arbeit handelt vom Thema „Entrepreneurship" im Zusammenhang mit einem konkreten Gründungsprojekt. In der Literatur zum Thema „Entrepreneurship" ist so ziemlich alles enthalten, was die Betriebswirtschaftslehre zu bieten hat. Neben den spezifischen Themen der Gründung an sich, des Business Plans oder dem Thema des Innovationsmanagements, werden alle wesentlichen Themen wie Marktforschung, Strategie, Marketing, E-Commerce, Organisation, Leadership und Finanzmanagement behandelt. Es handelt sich jedoch dabei durchwegs um Zusammenfassungen bzw. Abrisse großer wissenschaftlicher Gebiete der Betriebswirtschaftslehre. Der Grund ist klar: Man ist in einer Gründungssituation gut beraten, alle Themen des General Management zumindest so weit zu beherrschen, dass man in den vielen Entscheidungssituationen, in denen man in einem Gründungsprojekt steht, gewappnet ist. Die Bücher zum Thema „Entrepreneurship" müssten tausende Seiten stark sein, um alle Gebiete umfassend darzustellen.

Die vorliegende Arbeit hat sich im Hauptteil nach einer Einführung über die entrepreneurship-spezifischen Themen und Ableitung einer Business-Plan-Struktur im Kapitel zur Aufgabe gemacht, die drei für das Gründungsvorhaben wesentlichen Themen „Märkte und Marktforschung" (Kapitel 3), „Produktentwicklung" (Kapitel 4) und „Strategie" (Kapitel 5) nach dem Stand der Wissenschaft an Hand der spezifischen Fachliteratur zu erörtern und sich nicht auf die Entrepreneurship-Literatur zu beschränken. In der Literaturauswahl wurde durchwegs auf die sogenannten „Großen" im jeweiligen Fachgebiet Bedacht genommen. Dabei kann festgestellt werden, dass sich diese Literatur zumeist auf Aufgabenstellungen in Großunternehmen richtet, nur wenige nehmen Bezug auf Gründungssituationen bzw. erheben explizit den Anspruch auf Anwendbarkeit ihrer vorgestellten Methodik für Gründungsprojekte, Kleinunternehmen oder Start-Ups. Aber: „A small business is not a little big business."[1] wurde einmal ein Aufsatz des legendären GE-CEO Jack Welsh betitelt. Im Sinne dieser Aussage wurden die literarischen Erkenntnisse durch den Verfasser auf ihre Anwendbarkeit für vorliegendes Gründungsprojekt am Ende jeden Kapitels bewertet.

---

[1] (Welsh & White, 1981), o.S., zitiert nach (Freiling, 2006), S.348

In Kapitel 6 schließlich fließen alle zuvor entwickelten Erkenntnisse in den Business Plan des Gründungsprojektes AUBERG® und schließen den Hauptteil. Eine Zusammenfassung beendet die Arbeit.

Für den vorliegenden Text, der zur Veröffentlichung gedacht ist wurde das Original um wettbewerbsrelevante Themen im Kapitel 6 gekürzt. Die wesentlichen Aussagen blieben jedoch erhalten.

2. Entrepreneurship

2.1. Definition und Abgrenzung des Entrepreneurship-Begriffes

Der Begriff „Entrepreneurship" leitet sich aus dem Französischen Verb „entreprendre" ab, was übersetzt „unternehmen" bedeutet. In der deutschsprachigen Fachliteratur wird der Begriff ebenfalls verwendet, wobei das Begriffsverständnis in der Literatur als alles andere als einheitlich beschrieben wird. Überschneiden können sich mit „Entrepreneurship" die Begriffe Unternehmertum, Leadership, Management, Unternehmensgründung und Selbständigkeit.[2] Es gibt auch namhafte deutschsprachige Autoren, die den Begriff „Entrepreneurship" konsequent vermeiden und stattdessen den Begriff „Gründung" in Kombination mit anverwandten Begriffen (Gründer, Gründungsmanagement, Gründungserfolg...) verwenden.[3] Im Englischen hat sich der Begriff „Entrepreneurship" durchgesetzt. In den USA werden an allen bedeutenden Business-Schools (Harvard, MIT, Stanford...) Ausbildungen für Entrepreneurship angeboten. Dies vor allem aus dem Grund, da die Bedeutung von Unternehmensgründungen im Kampf gegen Arbeitslosigkeit und für Wachstum und Wohlstand erkannt wurde.

Es treten in diesem Zusammenhang drei Begriffe auf, die für das Verständnis von „Entrepreneurship" grundlegende Bedeutung haben:[4]

---

[2] (Freiling, 2006), S.11
[3] (Klandt, 2006), o.S.
[4] (Kuratko, Introduction to Entrepreneurship, 2009), S.21f

Entrepreneurship	Dynamischer Prozess, geführt und begleitet von Vision, Veränderung und Erneuerung, für den Energie und Leidenschaft hinsichtlich Entwicklung und Umsetzung neuer Ideen erforderlich sind
Entrepreneur	Erneuerer und Entwickler • der Chancen erkennt und nützt • der diese Chancen in vermarktbare Ideen verwandelt • der mittels Zeit, Anstrengung, Geld oder Fähigkeiten Werte schafft • der sich dem Wettbewerb am freien Markt zur Implementierung dieser Ideen stellt
Entrepreneurial Management	Ungeachtet der Originität, ob großes Unternehmen oder Ein-Personen-Unternehmen, ungeachtet, ob privatwirtschaftlich, öffentlich oder NGO, sind die Regeln zur Umsetzung einer Neugründung dieselben. Die Anwendung dieser Regeln wird Entrepreneurial Management genannt.

Bedeutsam in diesem Zusammenhang ist das Weglassen der Größendimension, das heißt die gleichwertige Betrachtung von Gründungsvorhaben ungeachtet der eingesetzten Ressourcen. Somit steht das „Corporate Entrepreneurship" auf derselben Ebene wie Gründungsprojekte, die von Einzelpersonen ausgehen. Somit sind aber auch Übernahmen, Franchise-Konzepte etc. keine Gründungen im Sinne des „Entrepreneurship"-Begriffs.

Hier ist jedoch noch eine wichtige Unterscheidung zu erwähnen, die im Englischen zwischen „Entrepreneurial Management" und „Small Business Management" zu treffen ist. Hier ist der Unterschied vor allem in den künftigen Zielen im Moment der Gründung zu suchen. „Entrepreneurship" beschäftigt sich vor allem mit der Grundidee, ein Gründungsprojekt zu raschem Wachstum und Wertsteigerung zu treiben. Die Gründer von „Small Business"-Projekten wollen in der Regel klein bleiben. Der Unterschied äußert sich hier somit in den Absichten der jeweiligen Gründer hinsichtlich der Entwicklung ihrer Unternehmen.[5]

---

[5] (Kuratko, Introduction to Entrepreneurship, 2009), S.3

2.2. Einordnung in den wirtschaftlichen Zusammenhang

Aus der „Vogelperspektive" der Volkswirtschaftslehre ist Technologie und Unternehmertum neben menschlicher Arbeit, natürlichen Ressourcen und Kapitalbildung einer von vier Faktoren als Erklärung von Wirtschaftswachstum.[6]

Die Bedeutung von Unternehmensneugründungen für Wirtschaftswachstum als Grundlage für Wohlstand in den kapitalistischen Wirtschaftssystemen ist mittlerweile unumstritten. Damit wurde auch die Aktualität der Lehren des österreichischen Wirtschaftstheoretikers Josef Schumpeter wiederentdeckt. Er erklärt die wirtschaftliche Entwicklung als Störung eines Gleichgewichtes durch den Unternehmer und deutet dies positiv: „Auf Schritt und Tritt stößt man auf das Tun und auf die Initiative des Typus, den wir „Unternehmer" genannt haben, und auf das Räderwerk unseres Mechanismus. Die Geschichte jeder Industrie führt auf Männer zurück und auf energisches Wollen und Handeln, diese stärkste und glänzendste Realität des Wirtschaftslebens."[7] Die Theorien von Josef Schumpeter erlebten ihre Renaissance vor allem nach der Öffnung des Ostblocks in den 90er-Jahren des 20. Jahrhunderts. Politiker hofften, dass das Schumpeter'sche Phänomen der „schöpferischen Zerstörung" die marode Wirtschaft der ehemalig kommunistischen Staaten Osteuropas wieder in Gang setzten würde.[8]

Auch mit dem Beginn der Finanzkrise 2008 wurden seitens der Regierungen in den USA und in Europa mit unternehmerfreundlicher Wirtschaftspolitik versucht, der gestiegenen Arbeitslosigkeit und dem eingebremsten Wirtschaftswachstum gegenzusteuern. Die Vergrößerung der Anzahl von Start-Ups wird in direktem Zusammenhang mit der Verringerung der Arbeitslosenrate gesehen.[9] In diesem Zusammenhang ist auch der Kultur der sozialen Hemmschwelle des unternehmerischen Versagens entgegenzuwirken, das u.a. in Europa und Asien zu einem unternehmerfeindlichen Umfeld beiträgt.[10]

---

[6] (Samuelson & Nordhaus, 2005), S.784
[7] (Schumpeter, 2005), S.486f
[8] (Piper, 1996), S.97
[9] (HBR, 2012), S.30
[10] (Isenberg, 2011), o.S.

Österreich hat hier tatsächlich Nachholbedarf. Gemäß einer Analyse der Weltbank liegt Österreich weltweit auf Platz 32 von 183 Ländern, was die Rahmenbedingungen für Firmengründungen betrifft. Eine Studie des österreichischen Institutes Joanneum Research beweist jedoch auch den Erfolg der heimischen Unternehmerszene und untermauert ihn mit Zahlen: Nach Untersuchung von 119 neugegründeten Unternehmen die, seit 2002 begleitet wurden, waren nach 10 Jahren noch immer 95% im Geschäft. Im Schnitt schafft jedes neugegründete Unternehmen bereits in der Anfangsphase mehr als 5 Arbeitsplätze.[11] Doch auch in Österreich versucht die Wirtschaftspolitik, die Umfeldbedingungen für Unternehmensgründungen zu verbessern. So wurde zum Beispiel das Stammkapital für die häufigste Form der Kapitalgesellschaft, der Gesellschaft mit beschränkter Haftung (GmbH), von € 35.000,- auf € 10.000,- per Gesetzesbeschluss am 1.7.2013 herabgesetzt.[12] (Leider hat man aktuell das Gesetz wieder „aufgeweicht", wonach nach 10 Jahren das Stammkapital auf die ursprünglichen € 35.000,- wieder zu erhöhen ist).

Dass in den USA die Risikobereitschaft höher ist, zeigt auch die dortige Überlebensrate. Studien zeigen eine Überlebensrate von nur 54% nach 4 Jahren. Als Hauptgründe werden mangelnde Ressourcen, fehlende Managementerfahrung und der Mangel an ausreichenden finanziellen Mitteln angegeben.[13]

2.3. Ursachen von Gründungen

Ursachen von Unternehmensgründungen sind vielfältig. Sieht man von strategischen Unternehmensentscheidungen der Diversifikation mit den möglichen Folgeprozessen des „Internal new venturing"[14] als Kristallisationskeim einer Unternehmensgründung ab, dann bleibt die Motivation von Einzelpersonen oder Teams, die ein Gründungsprojekt in Angriff nehmen. Hier unterscheidet man die Gruppe der sogenannten „Necessity Entrepreneurs" und „Opportunity Entrepreneurs". Die wesentliche Unterscheidung liegt darin, ob die beteiligten Personen ins Unterneh-

---

[11] (Steindorfer, Start-ups sind besser als ihr Ruf, 2012), S.18

[12] (Steindorfer, GmbH neu: Gründen wird einfacher und billiger, 2013), S.13

[13] (Kuratko, Introduction to Entrepreneurship, 2009), S.46

[14] (Jones & Hill, 2010), S.331

mertum getrieben wurden oder ob sie dies bei einer guten Gelegenheit freiwillig getan haben.[15]

Die Ursachen für „Necessity Entrepreneurs" liegen überwiegend in der mangelnden beruflichen Alternative. Häufiger Grund ist Arbeitslosigkeit als Folge von Rationalisierungsprogrammen größerer Unternehmen.[16] Zahlreicher vertreten sind die „Opportunity Entrepreneurs". Hier sind die Gründungsursachen vielfältig. Von Teilzeit-Gründungen, die sich in Folge unerwarteten Erfolges in Vollzeitgründungen entwickeln, über Spin-Offs vom ehemaligen Arbeitgeber bis zur Life-Style-Gründung, die als Hauptursache die Änderung des Lebensstiles oder die Gewinnung von Freiheit hat, oder schlicht die Aussicht auf höhere Einkommensmöglichkeiten, sind eine Vielzahl an Ursachen für ein Gründungsprojekt möglich.

Nach den politischen Anstrengungen der Regierungen, das Umfeld in einzelnen Ländern unternehmerfreundlicher zu gestalten und den Entwicklungen auf dem Bildungssektor, vornehmlich in guten Business Schools, Entrepreneurship-Programme anzubieten, könnte in Zukunft auch noch eine dritte Gruppe, die der „Educated Entrepreneurs" entstehen.

Viele Unternehmer wollen – trotz oft durchlebter, schwieriger Phasen ihrer unternehmerischer Tätigkeit – nicht mehr in die unselbständige Erwerbstätigkeit zurück. Als Hauptgrund werden zumeist das Glücksgefühl bei der Realisierung eigener Ideen und damit verbundener Erfolge und die Freiheiten zur eigenen Lebensgestaltung angegeben.[17] Auch Geld spielt zumeist nur ein untergeordnete Rolle, werden zum Beispiel Unternehmer vor allem bei Equity-getriebenen Technologie-Start-Ups nicht mit Cash, sondern mit Equity entlohnt.[18] Diese Möglichkeit der Individualisierung des Lebens entspricht einem Trend unserer Zeit.[19] Dieser Trend ist ein Phänomen, das die Zunahme der Anzahl an Neugründungen in Zukunft unterstützen könnte.

---

[15] (Freiling, 2006), S.27

[16] (Scarborough, 2012), S.42

[17] (Beard, 2011), o.S.

[18] (Komisar, 2000), o.S.

[19] (Leisse, 2012), S.82

Eine weitere Gruppe ist die der „Social Entrepreneurs", bei denen unternehmerisch-ökonomische Aspekte sozial wichtiger Einrichtungen (z.b. Altersheime) wahrgenommen werden oder der nicht-ökonomische unternehmerische Aspekt von Institutionen (z.b. NGOs).[20] Ein Fall, der sich zumindest zum Teil in die Reihe der „Social Entrepreneurs" reihen lässt, ist die erfolgreiche Geschichte des österreichischen Unternehmers Johannes Gutmann. Er hat Ende der 80er-Jahre mit seiner Marke „Sonnentor" eine Vermarktungsmöglichkeit der Überproduktion von niederösterreichischen Kräuterbauern entdeckt. Sein Antrieb war u.a. auch, den waldviertlern Bauern, aus deren Milieu Johannes Gutmann auch stammt, verbesserte Einkommens-möglichkeiten zu schaffen.[21]

2.4. Die Wahl der Rechtsform des Unternehmens (in Österreich)

Das System der Rechtsformen von Unternehmen ist dem von Deutschland ähnlich. In Österreich gibt es neben dem Einzelunternehmer 3 Gruppen von möglichen institutionellen Erwerbsformen, das sind Personengesellschaften, Genossenschaften und Kapitalgesellschaften. Die Kriterien zur Auswahl einer Rechtsform sind persönlicher, steuerlicher, betriebswirtschaftlicher und gesellschaftsrechtlicher Natur.

Einzelunternehmer sind Einzelpersonen, die mit ihrem Privatvermögen voll für das Unternehmen haften. Vorteile sind einfache Gründung und geringer buchhalterischer Aufwand (z.B. nur einfache Buchführung notwendig). Nachteil ist die Haftungsproblematik für den Unternehmer.

Personengesellschaften dienen dem geregelten Zusammenschluss mehrerer Personen zu Erwerbszwecken. Als unterschiedliche Gesellschaftsformen sind die Gesellschaft bürgerlichen Rechts (GesbR), die Offene Gesellschaft (OG), die Kommanditgesellschaft (KG) und die Stille Gesellschaft zu nennen. Die Gesellschaftsformen variieren vor allem in den Verhältnissen, in denen die Gesellschafter zu einander stehen können bzw. inwieweit sie für das Unternehmen haften. Grundsätzlich haftet jedoch bei Personengesellschaften zumindest ein Gesellschafter mit

---

[20] (Freiling, 2006), S.29

[21] (Prodanovic & Unterhuber, 2013), S.41ff

seinem gesamten Privatvermögen. Grundlage der Personengesellschaften ist ein Gesellschaftsvertrag, der jedoch an keine Form gebunden ist. (Er kann theoretisch auch mündlich abgeschlossen werden, wovon jedoch abzuraten ist.) Eine Spezialform der Personengesellschaft ist die GesmbH & Co KG. Hier werden eine Kapitalgesellschaft und Personen, die die Rolle von Kommanditisten (das heißt nur bis zu einer bestimmten Einlage haftenden Gesellschafter) einnehmen, in einer Kommanditgesellschaft vereinigt. Die GesmbH fungiert als Komplementär und haftet nur bis zur Stammeinlage. Diese Form ist aus Sicht der laufenden Kosten die aufwändigste Form, da hier zwei Gesellschaften buchhalterisch administriert werden müssen. Ein wesentlicher Vorteil ist jedoch die Haftungsbeschränkung (Schutz des Privatvermögens) mit gleichzeitiger Möglichkeit der steuerlichen Geltendmachung von Firmenverlusten auf das private Einkommen.

Die Genossenschaften sind von ihrer Historie her Wertegemeinschaften, die neben der Förderung ihrer Mitglieder auch einem Erwerbszweck nachgehen. Die Genossenschaften gibt es mit beschränkter und unbeschränkter Haftung (GenmbH und GenmuH).

Kapitalgesellschaften haben den höchsten formalen Anspruch der Unternehmensrechtsformen. Die Gesellschaft mit beschränkter Haftung (GesmbH) ist hier die häufigste Form der Kapitalgesellschaft und bei KMU äußerst beliebt. Die GmbH ist vollrechtsfähig und haftet nur in der Höhe des Stammkapitals. Gesellschafter sind mit ihrer Stammeinlage am Stammkapital beteiligt, was u.a. in einem Gesellschaftsvertrag zu regeln ist. Der große Vorteil an der GmbH ist die beschränkte Haftung. Die GmbH ist selbst Unternehmerin und besitzt eigenes Vermögen, mit dem sie für das Unternehmen haftet. Das Privatvermögen ihrer Gesellschafter ist bis auf die Höhe des Stammkapitals von einer Haftung ausgeschlossen. Als Nachteil aus Kostensicht kann die verpflichtende, doppelte Buchführung und Rechnungslegungspflicht angesehen werden Es gibt es auch Kriterien für die Installierung von Kontrollorganen (z.B. Aufsichtsrat ab 300 Mitarbeiter). Die Geschäfte einer GmbH führt der Geschäftsführer, willensbildendes Organ ist die Generalversammlung durch Beschlüsse der Gesellschafter.[22]

---

[22] (WKO Wirtschaftskammern Österreich, 2013), S.18ff

Neben der GmbH ist die Aktiengesellschaft (AG) die zweite Form der Kapitalgesellschaften in Österreich. Hier beträgt das Grundkapital € 70.000,- und ist in Aktien zerlegt. Auch ist die AG vollrechtsfähige Unternehmerin. Die Haftung ist auf das Gesellschaftsvermögen beschränkt. Die Geschäfte der AG werden vom Vorstand geführt. Willensbildendes Organ der AG ist die Hauptversammlung durch Beschlüsse der Aktionäre. Kontrollorgan der Aktiengesellschaft ist der Aufsichtsrat.

Für die Gründung von Unternehmen ist theoretisch jede Rechtsform möglich, nur sollte die gewählte Form zum betreffenden Unternehmensgegenstand und zu den Unternehmerpersönlichkeiten passen. Ein wesentlicher Punkt ist in diesem Zusammenhang auch die Absicht der Unternehmer für die künftige Entwicklung. Auch wenn die Rechtsform jederzeit veränderbar ist, so ist die Rechtsform an die strategische Positionierung anzupassen und weniger an kurzfristige Erfordernisse.

Hinsichtlich der beschriebenen Haftungsbeschränkungen bei Kapitalgesellschaften bzw. bei der GesmbH & Co KG sei noch ergänzt, dass die Haftung naturgemäß nicht gilt bei Pflichtverletzungen des als geschäftsführenden Gesellschafter tätigen Unternehmers (z.B. als handels- und/oder gewerberechtlichen Geschäftsführers). Hier haftet der Geschäftsführer funktionsbedingt immer mit seinem gesamten Privatvermögen.[23]

2.5. Die Rolle der Planung in Unternehmensgründungen

„Plans are nothing, planning is everything!" Letztes Zitat wird General Dwigth D. Eisenhower im Rahmen seiner verantworteten Planungstätigkeit für die Operation „Overlord" zugeschrieben, der Landung Alliierter Truppen in der Normandie im Juni 1944 zur Befreiung Europas von Nazi-Deutschland. Dieses Zitat wird auch in der Literatur im Zusammenhang mit Business-Plänen gerne verwendet, da es den Sinn von Business-Plänen in einem kurzen Satz komprimiert. Wie die in der Geschichte einmalige Operation „Overlord", die wohl das Gegenteil militärischer Routineoperationen darstellte, sind auch Unternehmensgründungen keine Routi-

---

[23] (Althuber, 2013), o.S.

neoperationen und das, was einmal entstehen soll, existiert vorerst nur im Kopf des Unternehmers. Somit hat der Business-Plan zum Zeitpunkt seiner Entstehung noch vor der Operationalisierung der Geschäftsidee einerseits die Aufgabe, externen Anspruchsgruppen, wie z.B. Investoren, künftigen Mitarbeitern, Banken etc. die Geschäftsidee näherzubringen. Andererseits schärft es während des Planungsvorganges die Geschäftsidee im Kopf des Unternehmers und es lässt sich nach Unternehmensstart unter sich ändernden Bedingungen viel leichter auf neue Situationen reagieren. Letzteres bedeutet aber auch kein starres Festhalten am Plan, sondern Flexibilität und rollierende Überarbeitung des ursprünglichen Business-Plans.

Es ist müßig eine Diskussion über die Notwendigkeit von Business-Plänen zu führen, denn über die Notwendigkeit sind sich die Autoren im Großteil der Fachliteratur einig. Interessant sind in diesem Zusammenhang dennoch vergangene und jüngste Äußerungen von Autoren, die die Notwendigkeit von Business-Plänen herunterspielen oder sogar in Zweifel ziehen. Im Grunde hat sich der Diskussionsinhalt über die letzten Jahrzehnte nicht verändert. Einerseits wird zum Teil (sicher berechtigt) gegen „Überplanung" und „zu Tode Analysieren" in Großunternehmen argumentiert, die vor Umsetzung einer Diversifikationsstrategie umfangreiche Analysen und Business-Pläne erstellen und dabei eine Trägheit entwickeln, die nachfolgendem unternehmerischen Handeln nicht dienlich ist. Es wird den Beteiligten mehr „unternehmerisches" Verhalten empfohlen, was in diesem Zusammenhang „weniger Planung" bedeutet.[24],[25] Es gibt aber noch radikalere Ansätze: Die Methode des sogenannten „Lean-Start-Up" arbeitet mit schnell wiederkehrender, auch intuitiver Reflexion von Marktsignalen. Bevor man viel Zeit vor dem Laptop verbringt, einen Business-Plan zu schreiben, wird empfohlen, sofort mit minimalen Mitteln ein Geschäftsmodell zu modellieren, mit Prototypen den Markt abzutesten, das Feed-Back zu reflektieren, fortzufahren oder zu korrigieren. Als Instrument der kreativen Geschäftsmodell-Kreation wird das Canvas-Modell von Osterwalder & Pigneur empfohlen.[26],[27]

---

[24] (Bhide, 1994), o.S.

[25] (Schlesinger, Kiefer, & Brown, 2012), S.154

[26] (Osterwalder & Pigneur, 2010), o.S.

[27] (Blank, 2013), S.64

An anderer Stelle wird mit der Notwendigkeit von Business-Plänen sehr wohl übereingestimmt, jedoch werden falsche Inhalte kritisiert. Zum Beispiel zu detaillierte Prognosen von Umsätzen etc. über das erste Jahr hinaus sind aus Sicht von bestimmten Autoren vergebene Aufwände, da sich derartige Prognosen in Neugründungen einfach nicht erstellen lassen.[28]

Es ist überhaupt nicht ausgeschlossen, dass Unternehmen ohne Business-Plan auch erfolgreich sein können. Viele Beispiele in der Realität werden hierfür Beweis sein können. Aber Untersuchungen in den USA zeigen, dass die Wahrscheinlichkeit des Überlebens von (Klein-)Unternehmen, die früh einen Business-Plan erstellt haben, 2,5-mal so hoch ist wie die von Unternehmen, die dies unterlassen haben.[29]

Sowohl in der englisch- als auch deutschsprachigen Fachliteratur wird der Anspruch an Struktur und Inhalt eines Business Planes relativ einheitlich gestellt. Auch wird allseits eine zweistufige Vorgangsweise empfohlen: Eine Geschäftsidee sollte zunächst mittels Machbarkeitsstudie (engl: Feasibility Study) auf Realisierungsfähigkeit bewertet werden, bevor die relativ umfangreiche Arbeit eines Business-Planes in Angriff genommen wird.

---

[28] (Sahlman, 1997), o.S.
[29] (Scarborough, 2012), S.184

		Scarborough, 2012	Kuratko, 2009	Klandt, 2006
Feasibility Study/ Machbarkeitsstudie		Industry & Market Product & Service Financials	Executive Summary Business Concept Industry & Market Management/Team Product/Service Financials	Produkt/Dienstleistung Markt & Wettbewerb Marketing/Vertrieb Profitabilität/Rentabilität
Business Plan/Integrierter Unternehmensplan		Executive Summary Mission & Vision History (for existing companies) Business Strategy Products/Services Marketing Strategy Competitor Analysis Owners&Managers Resumée Plan of Operation Financial Statement Investment Proposal Appendix	Executive Summary Business Description Operations Management Financials Critical Risks Harvest Strategy Milestone Schedule Appendix	Kurzfassung (Ex.Summary) Unternehmenskonzept Management-/ Gründerteam Markt und Wettbewerb Produktion und -sfaktoren Zeitorientierte Darstellung Finanzielle Planung Anhang

Abbildung 1: Gegenüberstellung von Vorschlägen für Struktur und Inhalt von Feasibility Study und Business Plan ausgewählter Autoren[30,31,32]

In Abbildung 1: Gegenüberstellung von Vorschlägen für Struktur und Inhalt von Feasibility Study und Business Plan ausgewählter Autoren,, werden die empfohle-

---

[30] Quelle: In Anlehnung an (Scarborough, 2012), S.175ff
[31] Quelle: In Anlehung an (Kuratko, Introduction to Entrepreneurship, 2009), S.248ff u. S.324ff
[32] Quelle: In Anlehnung an (Klandt, 2006), S.123 u. S.157

nen Elemente von drei Autoren gegenübergestellt. Bei der Feasibiltiy Study werden die Elemente Branche, Markt, Produkt (oder Dienstleistung) und Finanzen einheitlich empfohlen. Kuratko wählt seinen Rahmen etwas umfangreicher, womit offensichtlich der Präsentationscharakter an Dritte beschrieben werden soll. Interessant ist, dass Klandt bereits in dieser Phase ein Vertriebs- und Marketing-Konzept empfiehlt.

Beim Businessplan ähneln sich die empfohlenen Strukturen ebenfalls. Interessant ist hier der Umgang mit dem Thema „Strategie". Weder bei Kurakto noch bei Klandt wird das Thema gesondert aufgenommen. Es wird hier der Eindruck erweckt, dass der Business Plan als gesamtes Paket eine Beschreibung der gewählten (Gründungs-) Strategie ist.

Für die weitere Vorgangsweise entwickelt der Verfasser eine eigene Struktur, die bezüglich Gliederung und Inhalt sich in abgewandelter Form am ehesten jener von Scarborough anlehnt. Dies vor allem aus folgenden Gründen:

- Scarborough schlägt aus Sicht des Verfassers die passendste Form eines Business-Planes für ein österreichisches KMU vor.
- Sie differenziert zwischen Strategie – und hier auch zwischen verschiedenen strategischen Ebenen wie Geschäftsfeld- und Marketing-Strategie – und anderen Managementbereichen.
- Auch die Gewichtung der operationellen Gestaltung befindet sich eher am Ende als zu Beginn des Business Planes.
- In Summe muss inhaltlich Vollständigkeit gegeben sein. Alle vorgenannten Konzepte einschließlich der des Verfassers genügen diesem Anspruch. Die inhaltliche Gewichtung soll jedoch dem Gründungszweck angepasst werden.

Die vorgeschlagene Form von Klandt ist in Folge der Kürze und Prägnanz ebenfalls attraktiv. Eine detailliertere Gliederung wie bei Scarborough wird vom Verfasser jedoch vorgezogen. Kuratkos Konzept richtet sich eher an die Trade Sale – Gründerszene und ist bereits aus diesem Grund nicht passend für vorliegendes

Gründungsprojekt, das eine Exit-Strategie nicht als vordergründiges Ziel der Gründer vorsieht.

Es wird in der vorliegenden Arbeit für den Business-Plan des zu beschreibenden Gründungsprojektes folgende Struktur gewählt:

- Executive Summary
- Beschreibung der Geschäftsidee
- Produkte (Produktprogramm und Produktpositionierung)
- Marktanalyse
- Branchen- und Umfeldanalyse
- Geschäftsfeldstrategie (Positionierung, Geschäftsmodell, Markteintritts- und Wettbewerbsstrategie)
- Marketing Strategie und E-Commerce-Elemente
- Kompetenzen
- SWOT-Analyse als Zwischen-Résumé der gewählten Strategien
- Ressourcen & Struktur (Infrastruktur, Personal, Organisation)
- Zeitplan
- Finanzen (Finanzierung, Prognoserechnung, Risikoanalyse)
- Anhang

2.6. Zusammenfassung und praktische Relevanz für das gegenständliche Unternehmensgründungsprojekt

Für vorliegendes Gründungsprojekt ist aus diesem Kapitel vor allem das Thema Business-Plan von Interesse. Das Konzept „Lean-Start-Up" ist für den gewählten Unternehmenstyp (Erzeugungsbetrieb) nicht tauglich. Eine Feasibility-Studie war auf Grund gewisser Voraussetzungen, wie z.B. vorhandener Branchenkenntnisse, in größerem Umfang nicht erforderlich.

Managementinstrument	Eignung für Gründungsprojekt AUBERG® Manufaktur
Lean-start-Up	¢
Feasibility Study	★
Business Plan	★ ★ ★

★ ★ ★	sehr gut geeignet	★	geeignet
★ ★	gut geeignet	¢	ungeeignet

Tabelle 1: Bewertung der beschriebenen Managementinstrumente der Entrepreneurship-Literatur für das vorliegende Gründungsprojekt

Bevor im Kapitel 5 der Business-Plan vorgestellt wird, werden in den folgenden Kapiteln ausgesuchte Themen mit besonderer Relevanz für vorliegendes Gründungsprojekt erörtert. Es handelt sich dabei um die Themen Märkte, Marktforschung, Produktentwicklung und Strategie.

3. Märkte und Marktforschung

3.1. Begriffsdefinitionen

Im Rahmen der Behandlung des Themas der „Marktforschung" soll zunächst über die verwendeten Begrifflichkeiten Klarheit geschaffen werden. So wird zum Beispiel der „Markt" in unterschiedlichen Wissensgebieten (Volkswirtschaftslehre (VWL), Betriebswirtschaftslehre (BWL)) unterschiedlich betrachtet. In der VWL erfolgt die Betrachtung eher in der Vogelperspektive, in der BWL aus der Sicht eines Anbieters (=Marktpartei, Unternehmung).[33]

Eine Definition des Marktbegriffes in der Volkswirtschaftslehre lautet wie folgt: „Ein Markt ist ein Mechanismus, mit dessen Hilfe Käufer und Verkäufer miteinander in Beziehung treten, um Preis und Menge einer Ware oder Dienstleistung zu ermitteln."[34] Demgegenüber definiert man in der Fachliteratur des Marketing den Markt aus Markt-

---

[33] (Meffert, Burmann, & Kirchgeorg, 2012), S.47

[34] (Samuelson & Nordhaus, 2005), S.51

teilnehmersicht: „Ein Markt besteht aus einer Menge aktueller und potenzieller Nachfrager bestimmter Leistungen sowie der aktuellen und potentiellen Anbieter dieser Leistungen und den Beziehungen zwischen Nachfragern und Anbietern."[35]
Die Einteilung von Märkten kann nach verschiedenen Kriterien erfolgen:[36]

- Anzahl und Größe der Marktteilnehmer (Monopol, Oligopol, Polypol)
- Leistungsart (Konsum-, Investitionsgüter-, Dienstleistungs- und Finanzmarkt)
- Transaktionsrichtung (Beschaffungs- und Absatzmärkte)
- Transaktionsart (stationäre und Distanz-Märkte)
- Spielregeln (freie und regulierte Märkte)
- Zugang (offene und geschlossene Märkte)
- Vollkommenheitsgrad

Interessant ist in diesem Zusammenhang auch der Begriff der „Branche". Branche wird definiert als eine Gruppe von Unternehmen, die Produkte herstellen, die sich gegenseitig nahezu ersetzen können.[37] Hier ist auch ergänzen, das die vorliegende Arbeit den Begriff „Unternehmen" mit „strategischer Geschäftseinheit" gleichsetzt, wohl wissend, dass diversifizierte Unternehmen mit mehreren „strategischen Geschäftseinheiten" in mehreren Branchen tätig sein können.

Naturgemäß folgt die vorliegende Arbeit der Marktdefinition der BWL, wonach der Markt aus der Sicht eines Marktteilnehmers betrachtet wird. Es soll in dem vorliegenden Kapitel 3 „Märkte und Marktforschung" das Schwergewicht auf die Analyse der Nachfrageseite gelegt werden. Das Thema der Anbieterseite soll getrennt davon unter dem Begriff Branchenanalyse im Kapitel 5.5.2 bearbeitet werden.

Aus Unternehmenssicht ist ein bestimmter Markt zu definieren, der in der Literatur oft der relevante Markt genannt wird.

---

[35] (Meffert, Burmann, & Kirchgeorg, 2012), S.47
[36] (Meffert, Burmann, & Kirchgeorg, 2012), S.50f
[37] (Porter M. , 2013), S.39

3.2. Die Beschreibung des relevanten Marktes

Die Abgrenzung des relevanten Marktes ist von entscheidender Bedeutung für die marktorientierte Unternehmenssteuerung. Im Wesentlichen ist hier zwischen

- zeitlichen
- räumlichen und
- sachlichen

Grenzen zu unterscheiden. Während zeitliche und räumliche Abgrenzungen des relevanten Marktes einfach zu realisieren sind, ist die sachliche Abgrenzung eine komplexe Angelegenheit. Es werden „...hierbei in der Marketingpraxis häufig grundlegende Fehler gemacht, die folgenschwere Fehlentscheidungen nach sich ziehen können."[38]

Die zeitliche Abgrenzung spielt in der Praxis keine große Rolle. Die regionale Abgrenzung ist jedoch sehr wohl von großer Bedeutung. Regionale Grenzen sind einfach zu ziehen und bieten eine gute Möglichkeit, der Beschreibung seines relevanten Marktes eine erste Struktur zu geben. Das soll natürlich nicht bedeuten, die vorgenommene Betrachtung in zunehmend globalisierenden Märkten künstlich einzuschränken.

Die wahren Probleme beginnen mit der Beschreibung der sachlichen Grenzen. Prinzipiell besteht zwar die Möglichkeit, diese Grenzen anbieterseitig einfach, z.B. nach Produkten, zu ziehen. Aber dieser Zugang bietet nur eine sehr eingeschränkte Sichtweise. Die zeitgemäße sachliche Abgrenzung erfolgt nachfrageseitig nach Kundenbedürfnissen.[39]

Auch aus der wettbewerbsbezogenen Branchensicht ist die getroffene Abgrenzung des relevanten Marktes von großer Bedeutung. Ein scharfes Bild dieser Grenze hilft, die Wettbewerbssituation innerhalb der Branche gut einschätzen und vielfältige Quellen allfälliger künftiger Wettbewerber, die an den Branchengrenzen „lauern", besser erkennen zu können. Gerade die Branchen-Strukturanalyse von

---

[38] (Meffert, Burmann, & Kirchgeorg, 2012), S.52
[39] (Meffert, Burmann, & Kirchgeorg, 2012), S.53

Michael Porter ist ein gutes Beispiel, derartige Grenzziehungen eher weiter als enger vorzunehmen, sieht er den auf eine Branche einwirkenden Wettbewerb doch als ein umfassendes Phänomen, das über die bestehenden Konkurrenten in der Branche hinausgeht.[40]

Nach Definition und Abgrenzung des relevanten Marktes erfolgt die Beschreibung anhand quantitativer Merkmale wie Marktpotenzial, Marktvolumen, Marktsättigungsgrad, Absatzvolumen, Marktanteil etc. Die wesentlichen Begriffe seien wie folgt definiert:

Marktvolumen	...gegenwärtig von allen Anbietern abgesetzte Menge von Marktleistungen
Marktpotenzial	....umfasst die Gesamtheit aller möglichen Absatzmengen eines Marktes
Marktsättigungsgrad	$= \dfrac{Marktvolumen}{Marktpotenzial}$
Marktanteil in %	$= \dfrac{Absatzvolumen\ (pro\ Zeiteinheit)}{Marktvolumen\ (pro\ Zeiteinheit)} \times 100$
Relativer Marktanteil	$= \dfrac{Marktanteil\ des\ eigenen\ Unternehmens}{Marktanteil\ des\ Konkurrenten}$

Tabelle 2: Quantitative Merkmale von relevanten Märkten[41]

Eine weitere wichtige Kennzahl ist das Marktwachstum. Im Markt agierende Unternehmen haben es hier leicht, können diese natürlich auf ihre historischen Daten zurückgreifen und die Dynamik von Märkten, speziell der von ihnen bearbeiteten Segmente, gut quantifizieren. Hat man keine derartigen Daten, kann die Beantwortung der Fragen nach Wachstum und Wachstumsgrenzen über die in Tabelle 2: Quantitative Merkmale von relevanten Märkten vorgestellten Kennzahlen des Marktpotenzials und der Marktsättigung erfolgen. Wachstumsmöglichkeiten sind dann gegeben, wenn das Marktvolumen kleiner als das Marktpotenzial ist. Jedoch: „Die Formulierung ist einfach, die Quantifizierung wesentlich schwerer..."[42]

---

[40] (Porter M. , 2013), S.71

[41] Quelle: In Anlehnung an (Meffert, Burmann, & Kirchgeorg, 2012), S.54ff

[42] (Berekoven, Eckert, & Ellenrieder, 2009), S.259

3.3. Marktsegmentierung

Ist einmal der relevante Markt definiert und gefunden, so ist der Markt weiter in Marktsegmente zu unterteilen. In der Literatur wird mit dem Begriff „Marktsegmentierung" zumeist die Segmentierung von Konsumgütermärkten in Zusammenhang gebracht. Man versucht, den einmal definierten, relevanten Markt, in Konsumentengruppen homogenen Kaufverhaltens zu unterteilen. Gleiches gilt natürlich auch für Industriegütermärkte, wobei in Folge des organisationalen Charakters der Kunden hier vor allem organisationsbezogene bzw. buying-center-bezogene Segmentierungskriterien zur Anwendung kommen.[43] In weiterer Folge sollen in dieser Arbeit auf Konsumgütermärkte Bezug genommen werden.

Der Begriff „Marktsegmentierung im weiteren Sinn" umfasst in der Literatur nicht nur die Unterteilung der Marktsegmente, sondern beinhaltet auch die aktive Auswahl der Zielsegmente, die Strategien der Segmentabdeckung und die Ausgestaltung segmentspezifischer Marketing-Mix-Programme.[44] Vorliegende Arbeit beschränkt sich in der Marktsegmentierung jedoch auf die begrifflich engere Fassung, wobei der Prozess nach der Erfassung der deskriptiven Faktoren der Marktsegmente beendet ist. Die weiteren Schritte werden der Marketing-Strategie zugeordnet.

Die Kriterien, nach denen die Marktsegmentierung erfolgen kann, können grob in folgende vier Gruppen gegliedert werden, die sich gegenseitig bedingen und somit kombiniert angewendet werden können:[45]

- Geographische Kriterien
- Soziodemographische Kriterien
- Psychographische Kriterien
- Verhaltensorientierte Kriterien

Wichtig an der Anwendung der Kriterien ist vor allem die Praktikabilität der Ergebnisse. Die Segmentierung erfolgt nicht zum Selbstzweck sondern dient als Grund-

---

[43] (Backhaus & Voeth, Industriegütermarketing, 2010), S.119
[44] (Meffert, Burmann, & Kirchgeorg, 2012), S.188
[45] (Meffert, Burmann, & Kirchgeorg, 2012), S.195

lage zur Auswahl wirksamer strategischer Maßnahmen. Dies sollte man bei der Auswahl der Kriterien bereits berücksichtigen.

Geographische und soziodemographische Kriterien haben den Vorteil, dass sie leicht zu ermitteln sind und zumeist auch ein gutes Zahlenwerk in Form von öffentlichen Statistiken bereitstellen kann. Für Österreich ist dies zum Beispiel die Bundesanstalt Statistik Österreich „STATISTIK AUSTRIA" in Wien, die kostenlos und über das Internet leicht zugänglich gut aufbereitete Daten und Studien zur Verfügung stellt.[46]

Schwieriger wird es bei psychographischen Kriterien. Hier sind in der Fachliteratur zwei Ansätze zu erwähnen, die auf der Basis fundierter Erhebungen auch griffiges Zahlenmaterial (in Form von Bevölkerungsanteilen) liefern. Dies sind einerseits die SINUS-Milieus, die vor allem ein gutes Bild von Lebenswelten bieten und für Life-Style-Segmentierung eine gute Grundlage liefern (Abbildung 2: SINUS-Milieus von Österreich (aktualisiert 2011)).

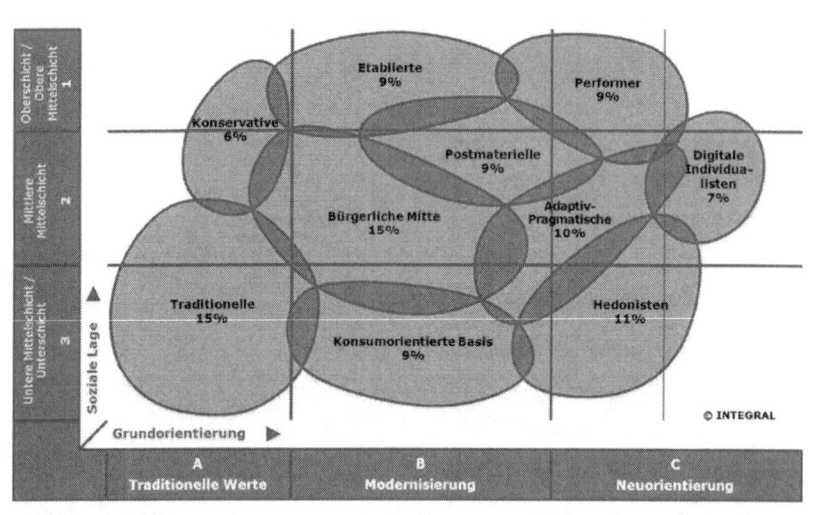

Abbildung 2: SINUS-Milieus von Österreich (aktualisiert 2011)[47]

Einen weiteren Ansatz bietet das Neuromarketing um die Gruppe Nymphenburg.

---

[46] (STATISTIK AUSTRIA, 2014)

[47] (INTEGRAL Markt- und Meinungsforschungsges.m.b.H., 2014)

Es werden die Konsumenten in Gruppen mit unterschiedlich gewichteten Wertefeldern in der Limbic Map gruppiert. Heraus kommen die sogenannten „Limbic Types", deren Verteilung z.b. für Deutschland ebenfalls verfügbar ist.

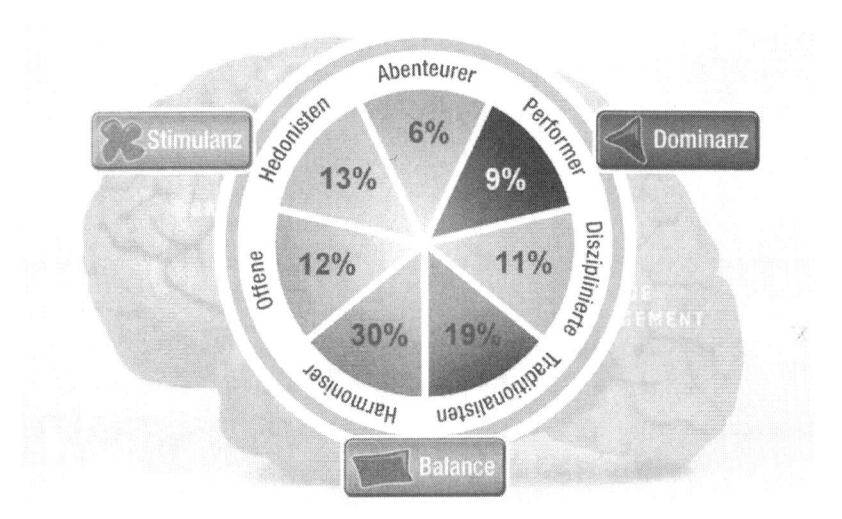

Abbildung 3: Die Limbic® Types und ihre Verteilung in Deutschland[48]

Verhaltensorientierte Segmentierungskriterien besitzen nur eine eingeschränkte Aussagekraft zur Bestimmung homogener Käufersegmente. Diese können aber auf Grund ihres deskriptiven Charakters ein guter erster Schritt auf dem Weg zu einer präzisen Zielgruppenbestimmung sein.[49]

Der Vollständigkeit halber sei erwähnt, dass auch wissenschaftliche Methoden zur Identifikation von Marktsegmenten entwickelt wurden. Hier seien neben der eher einfachen Faktor- und Clusteranalyse komplexere Verfahren wie die Conjoint- und die Multidimensionale Skalierung erwähnt.[50]

Zusammenfassend ist zu sagen, dass die Segmentierungsanforderungen von den betreffenden Spezifika der Märkte abhängen. In lange währenden, reifen Märkten

---

[48] Quelle: (Häusel, Brain View - Warum Kunden kaufen, 2012), S.116
[49] (Meffert, Burmann, & Kirchgeorg, 2012), S.212f
[50] (Meffert, Burmann, & Kirchgeorg, 2012), S.213

(z.B. Rohstoffe, Autoindustrie) ist derartiges Wissen entweder in den großen Unternehmen oder in Interessensverbänden aggregiert und wird dort, zumeist auch nicht öffentlich zugänglich, gehortet. In jungen, aufstrebenden Märkten ist derartiges Wissen eher nicht - oder nur eingeschränkt - vorhanden und junge neugegründete Unternehmen müssen für ihre Strategie ihre eigenen Segmentierungsmodelle anhand der zugänglichen Daten entwickeln.

3.4. Trendforschung

Ein weiteres, wertvolles Hilfsmittel zur Abschätzung künftiger Consumer-Trends ist die Trendforschung. Eine praktisch vorgestellte Methode zur Ermittlung globaler Trends arbeitet mit sogenannten Trend-Reportern in 50 Metropolen weltweit, die zu spezifischen Fragestellungen Recherchen in ihrer Umgebung durchführen. Die Recherchen basieren überwiegend auf der Methode der ethnografischen Marktforschung, bei der z.b. Konsumenten im Alltag bzw. in ihrer Umwelt beobachtet werden, Einkaufstouren begleitet oder Hausbesuche zur Erfassung der Lebensführung durchgeführt werden.[51] Die Berichte der Trend-Reporter, sogenannter Ethnografen, werden gesammelt und zentral ausgewertet. Diese Methode liefert Erkenntnisse über „Consumer Insights". Daraus werden Trends ermittelt und Erkenntnisse gewonnen, die Basis für strategische Empfehlungen für das Business von morgen sind.[52]

Die Darstellung erfolgt im konkreten vorliegenden Fall auf der Basis von 6 Belohnungsdimensionen aus dem Neuromarketing. (Ein ähnliches Modell finden wir, reduziert auf 3 Belohnungsdimensionen, in der Limbic ® Map der Gruppe Nymphenburg.)[53] Jeder Belohnungsdimension werden 5 Trendsignale zugeordnet, die durch die weltweit arbeitenden Trend-Reporter ermittelt wurden. Diese werden im TrendCircle zusammengefasst, der somit 30 globale und aktuelle Trendsignale in einer Darstellung aggregiert.

---

[51] (Berekoven, Eckert, & Ellenrieder, 2009), S.145
[52] (Leisse, 2012), S.40
[53] (Häusel, Brain View - Warum Kunden kaufen, 2012), S.47

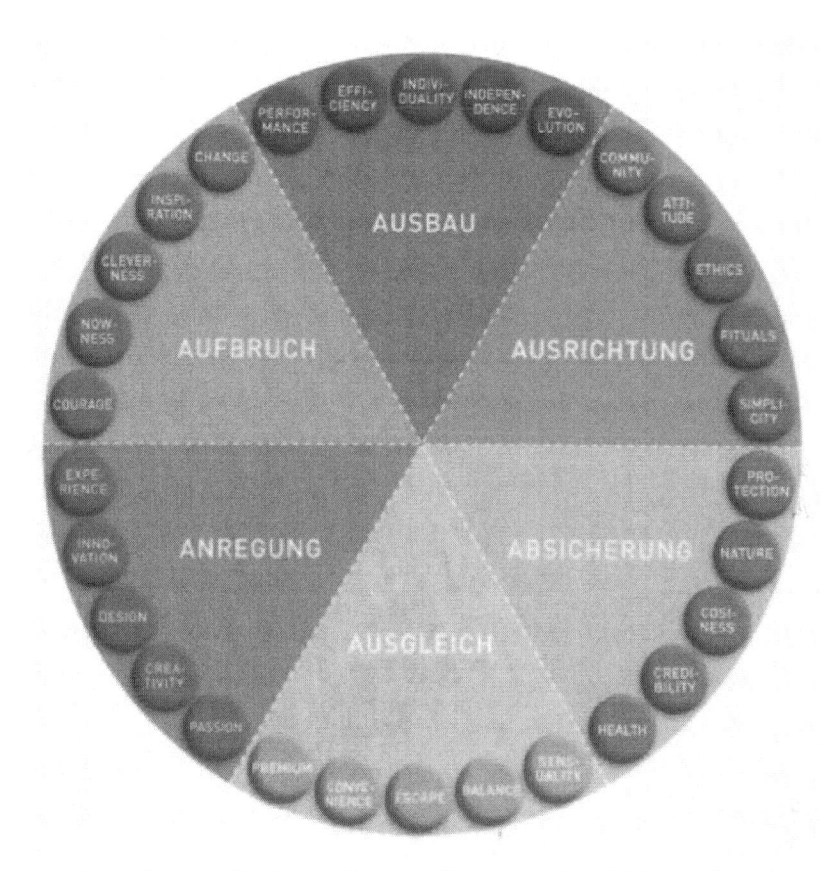

Abbildung 4: Der TrendCircle fasst 30 globale Trendsignale in 6 Belohnungsdimensionen des Neuromarketing zusammen[54]

Der TrendCircle wurde als Arbeitsinstrument entwickelt, um in einem ersten Schritt das eigene Angebot (bzw. Marke, Produktidee etc.) in eine Belohnungsdimension einordnen zu können. Danach wird überprüft, wieweit das Angebot den 5 zugehörigen Trendsignalen antwortet. Bei identifizierten Verbesserungspotenzialen ist das Angebot anhand der angebotenen Trendsignale nachzuschärfen.[55]

---

[54] Quelle: (Leisse, 2012), S.46
[55] (Leisse, 2012), S.47f

3.5. Methoden der Informationsbeschaffung

Nachdem der Informationsbedarf festgelegt wurde, können die relevanten Marketinginformationen über unternehmensinterne Daten, über Marketing Intelligence oder über systematische Marktforschung vorgenommen werden. Unternehmensinterne Daten sind unter den genannten Quellen die am einfachsten zu generierenden Informationen, sind aber zweckmäßig aufzubereiten, was auch einigen Aufwand bedeutet. Unter „Marketing Intelligence" ist die systematische Sammlung und Analyse von öffentlich zugänglichen Informationen über Konsumenten, Wettbewerber und Entwicklungen auf dem Markt zu verstehen. Marketing Intelligence hat in letzter Zeit sehr an Bedeutung gewonnen.[56] Wohingegen Marketing Intelligence eher Antworten auf allgemeinere Fragestellungen eines Unternehmens geben kann, liefert die Marktforschung gezielte Studien über spezielle Marktsituationen und spezielle Fragestellungen von Unternehmen. Das Instrumentarium der Marktforschung ist sehr groß. Es soll in vorliegendem Kapitel ein kurzer Überblick über die gängigsten Verfahren gegeben werden.

Je nach Quelle der Daten wird zwischen Sekundär- und Primärdaten unterschieden. Sekundärdaten können selbst generiert oder über professionelle Institute bezogen werden und bilden zumeist oft den ersten Schritt, bevor man zu einer Methode der Sammlung von Primärdaten übergeht. Bei der Planung eines geeigneten Verfahrens kann man mit verschiedenen Bausteinen der Kategorien „Erhebungsverfahren", „Kontaktmethode", „Stichprobenplan" und „Forschungsinstrument" kombinieren (Tabelle 3).

Research Approaches	Contact Methods	Sampling Plan	Research Instrument
Observation	Mail	Sampling unit	Questionnaire
Survey	Telephone	Sampling size	Mechanical instruments
Experiment	Personal	Sampling procedure	
	Online		

Tabelle 3: Bausteine für die Planung der Primärdatenerfassung[57]

---

[56] (Kotler & Armstrong, 2010), S.126f
[57] Quelle: In Anlehnung an (Kotler & Armstrong, 2010), S.133

Andere Literaturquellen verwenden leicht unterschiedliche Begrifflichkeiten, wie folgende Strukturierung von Erhebungsverfahren für die Praxis zeigt:
- Erhebungsverfahren der Ad-hoc-Forschung (im Wesentlichen Befragungen)
- Erhebungsverfahren der Tracking-Forschung (im Wesentlichen Panel-Erhebungen)
- Erhebungsverfahren mittels Beobachtung
- Testverfahren

Bei letzterer Gliederung wird zusätzlich zwischen Ad-hoc-Forschung (einmalig) und Tracking-Forschung (wiederkehrende Panel-Erhebung) unterschieden, sonst gleichen die Themenblöcke der Darstellung in Tabelle 1. Die Auswahl eines Erhebungsverfahrens für ein konkretes Marktforschungsprojekt richtet sich nach dem Untersuchungsanliegen und natürlich auch nach ökonomischen Gesichtspunkten (Verfügbarkeit von Ressourcen, effizienter Mitteleinsatz etc.). Es sollen im Folgenden die einzelnen Erhebungsverfahren kurz erörtert werden.

Die Ad-hoc-Forschung umfasst Methoden der Befragung von Einzelpersonen als auch Gruppen. Diese können Face-to-Face, telefonisch, online oder schriftlich per Fragebogen durchgeführt werden. In der Planung sind neben Zusammenstellung der Fragen die Auswahl(-methode) der Probanden und die Bestimmung der Stichprobengröße wichtige Themen. Face-to-Face-Interviews sind zeitaufwändig und entsprechend kostenintensiv. Telefonumfragen bieten flächendeckende Erhebungsmöglichkeiten und kosten im Vergleich zu Face-to-Face-Interviews die Hälfte. Online-Umfragen bieten auf Grund zu unterschiedlicher Nutzung des Internets keine verlässliche Stichprobe, wobei jedoch das Volumen der mittels Internet durchgeführten Umfragen das stärkste Wachstum aufweist. Bei schriftlichen Umfragen hat man ggf. das Problem mangelhaften Rücklaufs. Eine interessante Möglichkeit für KMU bieten einige Marktforschungsinstitute in Form von Mehrthemenbefragungen in Form sogenannter „Omnibus". Hier werden regelmäßige Erhebungen zu unterschiedlichen Themen durchgeführt, wobei interessierte Unternehmen sich hier thematisch „anhängen" können. Der „Omnibus" ist vor allem aus wirtschaftlicher

Sicht interessant, da hier Marktforschungsergebnisse kurzfristig und kostengünstig erzielt werden können.[58]

Unter dem Begriff der Tracking-Forschung werden Wellen- bzw. Panelerhebungen zusammengefasst. Letzteres dient der Erfassung dynamischer Marktveränderungen, da in regelmäßigen Abständen zum gleichen Thema die gleiche oder sogar idente Stichprobe befragt wird. Es wird zwischen Haushalts-, Fernseh- und Handelspanelen unterschieden. Beim Haushaltspanel werden entweder Einzelpersonen oder Haushalte wiederkehrend z.b. nach ihrem Konsumentenverhalten befragt. Hinsichtlich der Produkte wird zwischen Konsumgüter-, Gebrauchsgüter- und Dienstleistungspanel unterschieden. Innerhalb der einzelnen Produkte gibt es auch Spezialpanele, z.b. „Health and Beauty" im Rahmen der Fast Moving Consumer Goods (FMCG). Die Teilnahme am Panel erfolgt zumeist mit einer geringfügigen Entschädigung, zum Beispiel durch kostenlosen Zeitschriftenbezug o.ä. Abfragemethoden variieren über Fragebogen, Auswertung gesondert gesammelten Abfalles (dustbin-Panel), inhome-scanning etc. Beim Fernsehpanel werden Einschaltquoten mittels apparativer Beobachtung (an das Fernsehgerät angeschlossenes Zusatzgerät) erhoben. Beim Handelspanel werden die über die beteiligten Einzelhandelsunternehmen fließenden Produktströme erfasst. Ein Problem beim Handelspanel ist u.a. die mangelnde Marktabdeckung, da wichtige Handelsketten (v.a. Diskonter) die Teilnahme aus Wettbewerbsgründen verweigern. Handelspanele liefert dennoch wichtige vertriebsorientierte Informationen, wohingegen Verbraucherpanele eher Daten für marketingorientierte Pull-Konzepte bringen.[59]

Bei den Beobachtungsmethoden der Marktforschung werden die Verfahren nach den verschiedenen Bewusstseinsgraden der beobachteten Person gegliedert. Dies reicht von ganz bewussten, „offenen Situation" über die „nicht-durchschaubare Situation" und „quasi-biotischen Situation" bis zur völlig unbewussten „biotischen Situation". Der Beobachter kann dabei auch unterschiedlichen Grades in die Situation eingebunden sein. Wichtige Kriterien sind auch noch der Standardisierungsgrad und die Wahrnehmungs- und Registrierungsform, die variiert werden

---

[58] (Berekoven, Eckert, & Ellenrieder, 2009), S.87ff

[59] (Berekoven, Eckert, & Ellenrieder, 2009), S.120ff

können. Beobachtet werden können z.b. Verkehrsaufkommen, Käuferfrequenzen, Einkaufsverhalten im Handel etc. Eine wichtige Entwicklung ist die ethnografische Marktforschung, wobei durch Begleitung der Konsumenten in ihren verschiedensten Lebenssituationen ganzheitliche Erkenntnisse der Konsumentenwelt gewonnen werden können.[60] Die Ethnografie spielte auch bereits bei der o.a. Trendforschungsmethode in Kapitel eine Rolle.

Bei den Testverfahren handelt es sich um keine gesonderten Erhebungsverfahren, sondern die vorgestellten Instrumente der Befragung etc. werden auf gestellte Versuchsanordnungen angewendet. Ziel ist es vor allem, durch die gestellte Situation Störgrößen auszuschalten und Variable so zu isolieren, dass ihre Veränderung durch gezielte Einwirkung einer kontrollierten Störvariablen gemessen werden kann. Die Versuche können sowohl als Labor- als auch als Feldexperimente ausgeführt werden. Diese Testmethoden haben vor allem Bedeutung für Produkteinführungen. Dies kann in sogenannten Produkttests, in Storetests, in regionalen Markttests, in Minimarkttests oder in Testmarktsimulationen erfolgen. Bei Produkttests werden im Haushalt oder im Studio den Testpersonen ein oder mehrere Produkte zum Vergleich vorgelegt. Der übliche Sample-Umfang (der Testpersonen) bewegt sich zwischen 200 und 1000 Personen. Bei Storetests werden probeweise Produkte in ausgewählten Einzelhandelsgeschäften unter kontrollierten Bedingungen verkauft. Eine Erweiterung auf mehrere Einzelhandelsgeschäfte innerhalb eines räumlich begrenzten Gebietes wird Regionaler Markttest genannt. Letzterer hat jedoch im Verhältnis zum sogenannten Minimarkttest, der eine Kombination zwischen Storetest und Haushaltspanel darstellt und deutlich kosteneffizienter ist, an Bedeutung eingebüßt. Testmarktsimulationen schließlich sind Produkttests, die um eine Kaufsimulation erweitert werden. In letzterem Fall werden etwa 300 Testpersonen einzeln ins Studio eingeladen. Nach einem Interview zur Erfassung soziodemographischer Daten wird eine Kaufsituation simuliert. Danach erhält die Testperson das Produkt für einen Haushaltstest mit nach Hause. Der Vorteil der Testmarktsimulation ist die kosten- und zeiteffiziente Generierung einer Vielzahl an Daten. Auch

---

[60] (Berekoven, Eckert, & Ellenrieder, 2009), S.141ff

ist ein hoher Grad an Geheimhaltung realisierbar. Die Kosten betragen je nach Anbieter im deutschsprachigen Raum zwischen € 35.000,- und € 50.000,- bei einer Projektdauer von etwa 12 Wochen (Basis 2009).

Eine eigene Rubrik der Testverfahren bildet die Werbeforschung. Bei der Werbeforschung wird die Wirkung von Werbemitteln an Hand von momentanen Reaktionen, dauerhaften Gedächtnisreaktionen und finalen Verhaltensreaktionen mittels zahlreicher Verfahren gemessen.[61]

3.6. Anwendbarkeit von Marktforschungsinstrumenten für das gegenständliche Gründungsprojekt

Der in der Fachliteratur übliche Bogen der Marktforschungsinstrumente spannt sich von Beschreibungs- und Strukturierungshilfen von Märkten bis zum Thema der Produkteinführung und Werbeforschung. Genau genommen sind dies DIE zentralen Fragen eines Gründungsvorhabens, nur stellt sich hier sehr stark die Frage der Verhältnismäßigkeit. Die in der Literatur vorgestellten Instrumente arbeiten überwiegend mit flächenweit etablierten Strukturen (z.B. Panel) und verraten so auch den Maßstab und die Kunden, für die diese Instrumente generiert wurden: Ziel sind flächendeckende Markteintritte neuer Produkte, Überprüfungen eigener Marktpositionen großer Unternehmen etc. Für Neugründungen stellen auch für gut dotierte Budgets Marktforschungsprojekte hohe Kostenpositionen dar. In der Fachliteratur wird ein optimal durchgeführtes Marktforschungsprojekt für eine Produkteinführung vorgestellt (Abbildung 5: Phasen von der Marktforschung bis zur Produkteinführung mit sinnvoll anzuwendenden Marktforschungsinstrumenten nach dem Stand der Wissenschaft). Weiter wird in Abbildung 5: Phasen von der Marktforschung bis zur Produkteinführung mit sinnvoll anzuwendenden Marktforschungsinstrumenten nach dem Stand der Wissenschaft eine Trennung von Maßnahmen durchgeführt, die sinnvollerweise In-House bzw. durch ein spezialisiertes Institut (z.B. GfK) durchgeführt werden können. Man sieht hier deutlich, dass für ein Vorgehen nach dem Stand der Wissenschaft sehr viel Beratungsbudget vorhanden sein muss.

---

[61] (Berekoven, Eckert, & Ellenrieder, 2009), S.146ff

Phase	Back-Office	Externes Institut
1. Gesamtmarktanalyse	Sekundärdatenforschung	
2. Marktsegmentanalyse Branchenanalyse Produkte Einkaufsstätten Konsumenten	Sekundärdatenforschung	Haushaltspanel- auswertung
3. Produktpositionierung Bedarfsanalyse Positionierungslücken Vollständiges Marktbild		Gruppenexploration Paneleinfrage Repräsentative Umfrage
4. Ideenphase		
5. Konzeptphase 2 Konzeptvarianten		Einzelinterviews
6. Produktentwicklung 2 Produktvarianten Geschmack Gesamtbild Produktrückschluß Kaufbereitschaft Preisvorstellung		Qualitätstest Namenstest Packungstest
6a. Ergänzung Marketing-Mix Preispolitik Distributionspolitik Kommunikationspolitik 2 Werbevarianten Werbekampagne		Werbepretest

7. Testmarktforschung		Minimarkttest Regionaler Markttest
8. Produkteinführung Einkaufsintensität Käuferstrukturanalyse Bedarfsdeckung Markentreue Nebeneinanderverwendung Käuferwanderung		Panel-Standardauswertung Panel-Sonderanalysen Werbeposttest

Abbildung 5: Phasen von der Marktforschung bis zur Produkteinführung mit sinnvoll anzuwendenden Marktforschungsinstrumenten nach dem Stand der Wissenschaft[62]

Klar ist jedoch auch, dass die subjektive Einschätzung (z.B. des Unternehmers) einer Marktsituation alleine nicht ausreicht und nur ordentlich angewandte Marktforschungsinstrumente die Sicht der Kunden auf das eigene Unternehmen bzw. Produkt objektiv wiedergeben können. Sofern Neugründungen nicht bereits mit hohen Fixkosten verbunden sind (z.B. Produktionskapazitäten), sind jedoch Eigenbeobachtung und selbst durchgeführte Sekundärmarktforschung ausreichend, um ein Anfangsrisiko gering zu halten. Bei hohen Anfangsinvestitionen ist man jedoch gut beraten, Marktforschungsinstrumente sinnvoll einzusetzen, um das Risiko „am Markt vorbei zu investieren" zu minimieren. Die Entscheidung darüber liegt schlussendlich beim Unternehmer.

---

[62] Quelle: In Anlehung an (Berekoven, Eckert, & Ellenrieder, 2009), S.331ff

Managementinstrument	Eignung für Gründungsprojekt AUBERG® Manufaktur
Quantitative Marktbeschreibung	★
Soziographische Segmentierung	★ ★ ★
Psychographische Segmentierung	★
Verhaltensorientierte Segmentierung	¢
Marktforschung mit Internen Daten	¢
Marketing Intelligence	★
Marktforschung mit Sekundärdaten	★ ★ ★
Markforschung durch Ad-hoc-Verfahren	¢
Marktforschung durch Tracking	¢
Marktforschung durch Beobachtung	¢
Marktforschung durch Test	¢

★ ★ ★	sehr gut geeignet	★	geeignet
★ ★	gut geeignet	¢	ungeeignet

Tabelle 4: Bewertung der beschriebenen Managementinstrumente der Marktforschung für das vorliegende Gründungsprojekt

4. Produktentwicklung

4.1. Produktdefinition

Als Produktbegriff hat sich heute sinngemäß durchgesetzt als alles, was auf einem Markt angeboten wird und einen Wunsch oder Bedürfnis befriedigt.[63] Eine andere Definition beschreibt ein Produkt als „... Bündel technisch-funktionaler Eigenschaften ..., das dem Nachfrager einen Nutzen stiftet."[64] Das Produkt ist für einen Hersteller das zentrale Objekt, um das sich schlussendlich sein Dasein rankt. Entsprechend wichtig sind produkt-und programmpolitische Entscheidungen. Ein Produkt bietet unterschiedliche Perspektiven.

---

[63] (Kotler & Armstrong, 2010), S.248

[64] (Meffert, Burmann, & Kirchgeorg, 2012), S.387

Eine weitverbreitete Beschreibungsmöglichkeit erfolgt in den 3 Dimensionen: Produktkern, Reales Produkt und Erweitertes Produkt.

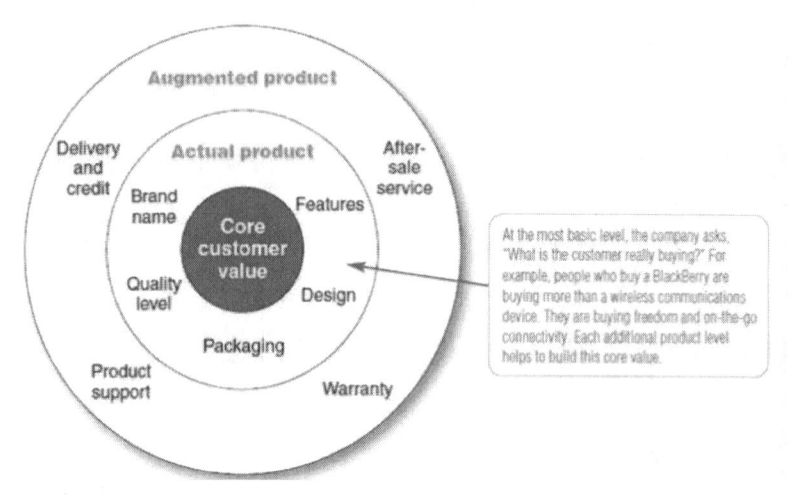

Abbildung 6: Produktdimensionen nach Kotler[65]

Demnach wird unter dem Produktkern der Hauptnutzen verstanden, den das Produkt einem Kunden bringt (z.B. Smartphone als mobiles Verbindungsgerät zu Menschen und Ressourcen). Als 2. Ebene bzw. als Reales Produkt versteht man jene Charakteristika, die den Produktkern einerseits von anderen, gleichen Produktkernen differenzieren und andererseits den Produktkern den Konsumenten optimal erlebbar machen (beim Smartphone wäre das beispielhaft die Marke iPhone inkl. Verpackung, Produktdesign, Haptik, Bedienoberfläche und Zusatzfeatures wie Kamera etc.). Das erweiterte Produkt wiederum bietet zum Produktkern und Realen Produkt noch Zusatzfeatures wie Kundendienst, Garantie, Gratis Cloud-Dienstleistungen inkl. Domain etc.

Ein anderes, aber ähnliches Modell der Produktbeschreibung in Anlehnung an die Definition rund um den „Produktnutzen" wird in der Aufspaltung in „Grundnutzen" und „Zusatznutzen" gesehen. Der Zusatznutzen kann wiederum in die Begrif-

---

[65] Quelle: (Kotler & Armstrong, 2010), S.250

fe „Erbauungsnutzen" und „Geltungsnutzen" unterteilt werden. Demnach werden folgende Detaildefinitionen vorgenommen: [66]

- Grundnutzen

Die aus den technisch-funktionalen Basiseigenschaften eines Produktes resultierenden Bedürfnisbefriedigungen

- Zusatznutzen

Über den Grundnutzen hinausgehende Bedürfnisbefriedigung durch das Produkt

- Erbauungsnutzen

Aus den **ästhetischen** Wirkungen eines Produktes resultierende Bedürfnisbefriedigung

- Geltungsnutzen

Aus den **sozialen** Wirkungen eines Produktes resultierende Bedürfnisbefriedigung

Der Produktnutzen ist demnach die Summe aller Nutzenkomponenten.

Ein weiteres Modell, das sich der Produktbeschreibung weniger aus Produkt-, sondern eher aus Kundensicht nähert, beschreibt das Produkt mittels 7 Bestandteilen:[67] USP (Unique Selling Proposition), Funktion, Struktur, Ansprache, Produktart, Emotionen, Design.

„Der USP (Unique Selling Proposition) ist das überzeugende einzigartige Verkaufsargument ... für das Produkt."[68] (Der USP wird auch mit einer besonderen Positionierungsart bei der Markenpolitik in Zusammenhang gebracht. „Hierbei wird ausschließlich der wichtigste Nutzen einer Marke betont."[69])

---

[66] (Meffert, Burmann, & Kirchgeorg, 2012), S.387
[67] (Langbehn, 2010), S.101
[68] (Langbehn, 2010), S.101
[69] (Meffert, Burmann, & Kirchgeorg, 2012), S.371

Neben dem USP gibt es in diesem Modell weitere Dimensionen, die als „die 6 Perspektiven eines Produktes" bezeichnet werden.[70] Beschrieben werden diese Dimensionen mittels Qualitätsaussagen aus Kundensicht (Tabelle 5).

Perspektive	Qualitätsaussage zur jeweiligen Perspektive aus Kundensicht
Funktion	„Das Produkt enthält alles und kann alles, was ich brauche. Und nicht mehr."
Struktur	„Das Produkt arbeitet wie ich – es passt in meine Abläufe hinein."
Ansprache	„Das Produkt spricht und denkt wie ich – es spricht, wie ich es verstehe."
Produktart	„Das Produkt passt in das Arbeitsumfeld – ich kann es immer einsetzen, wenn ich es brauche."
Emotionen	„Das Produkt fühlt wie ich – es gibt mir ein gutes Gefühl."
Design	„Das Produkt spricht alle meine Sinne an."

Tabelle 5: 6 Produktperspektiven[71]

4.2. Produktprogramm und Produktlinie

„Die Produkt- und Programmpolitik ist einer der zentralen Parameter im Marketing. Aus markt- und kompetenzbasierter Sicht beinhaltet sie alle Entscheidungstatbestände, die sich auf die Gestaltung der vom Unternehmen im Absatzmarkt anzubietenden Leistungen beziehen."[72] Als Produkt- oder Angebotsprogramm wird die Gesamtheit aller Leistungen verstanden, die ein Anbieter den Nachfragern zum Kauf anbietet. Produktprogramme bestehen ihrerseits wiederum aus den einzelnen Produkten bzw. Produktlinien. Unter Produktlinien werden Gruppen von Produkten verstanden, die auf Grund bestimmter Kriterien in enger Beziehung zueinander stehen.[73]

Programmplanungen werden auf strategischer und auf operativer Ebene geführt. Auf der strategischen Ebene werden Entscheidungen (z.B. Innovation, Modifikati-

---

[70] (Langbehn, 2010), S.114
[71] Quelle: (Langbehn, 2010), S.114ff.
[72] (Meffert, Burmann, & Kirchgeorg, 2012), S.385
[73] (Meffert, Burmann, & Kirchgeorg, 2012), S.388

on, Differenzierung oder Elimination) über Produktlinien getroffen, auf operativer Ebene Entscheidungen über Produkte. Die Produktgestaltung ist die „Umsetzung der im Rahmen der strategischen und operativen Programmplanung getroffenen Innovations-, Modifikations-, Differenzierungs- und Eliminationsentscheidungen".[74]

Produktprogramme können in mehreren Dimensionen variiert werden. Man spricht hier von Breite, Länge, Tiefe und Konsistenz. Die Breite beschreibt die Anzahl an Produktlinien, die Länge die Summe der Anzahl der Produkte in den Produktlinien. Die Tiefe beschreibt die Anzahl an Produktvariationen eines Produktes in der Linie. Die Konsistenz beschreibt schließlich den Grad der Zusammengehörigkeit der Produkte in Dimensionen wie z.b. Gebrauch, Produktion, Vertrieb etc.

Mit letzteren vier beschriebenen Parametern bestimmt das Unternehmen seine Produktstrategie.[75]

Auch die grundsätzliche Ausrichtung des Programmes spielt eine Rolle. Diese kann sich z.b. an der Herkunft oder Bezugsquelle des Materials orientieren, an der Bedarfs- oder Erlebnisorientierung der Nachfrager, an der Orientierung nach Preislagen oder an der Selbstverkäuflichkeit der Ware.[76]

Die Gestaltung der Produktlinien als Teil der operativen Produktprogrammplanung hat grundsätzlich 2 Handlungsoptionen: Einerseits die Länge der Produktlinie, andererseits die Gestaltung des Qualitätsniveaus. In diesem Zusammenhang spricht man auch von Verlängerung und Verkürzung der Produktlinie bzw. von der Veränderung oder Ausweitung des Qualitätsniveaus nach oben (Trading-up) oder nach unten (Trading-down), letzteres als klassische Aktion bzw. Reaktion in Wettbewerbssituationen (Abbildung 7: Grundlegende Handlungsoptionen der Produktliniengestaltung).

---

[74] (Meffert, Burmann, & Kirchgeorg, 2012), S.389
[75] (Kotler & Armstrong, 2010), S.259
[76] (Meffert, Burmann, & Kirchgeorg, 2012), S.390f.

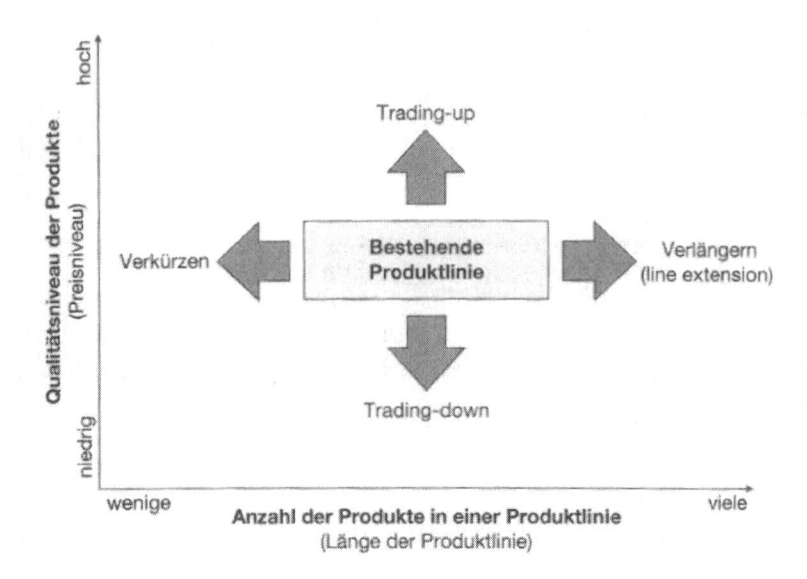

Abbildung 7: Grundlegende Handlungsoptionen der Produktliniengestaltung[77]

4.3. Produktinnovation

Produkte unterliegen einem Lebenszyklus. Das Konzept des Produktlebenszyklus (PLC) wird am anschaulichsten in Form einer Graphik visualisiert, wobei naturgemäß die Maßeinheiten für Ordinate und Abszisse von Produkt zu Produkt verschieden sind. Das Leben und Sterben von Produkten impliziert das Thema der Produktinnovation. Innovationen allgemein haben anerkannte gesamtwirtschaftliche Bedeutung. „Seit den Thesen Schumpeters (1912) besteht Einigkeit darüber, dass Innovationen der wichtigste Träger von Wirtschaftswachstum sind."[78] Innovationen können vielfältig sein und unterschiedliches Ausmaß annehmen. In vorliegendem Kapitel soll nur auf Produktinnovationen Bezug genommen werden.

---

[77] Quelle: (Meffert, Burmann, & Kirchgeorg, 2012), S.392
[78] (Meffert, Burmann, & Kirchgeorg, 2012), S.396

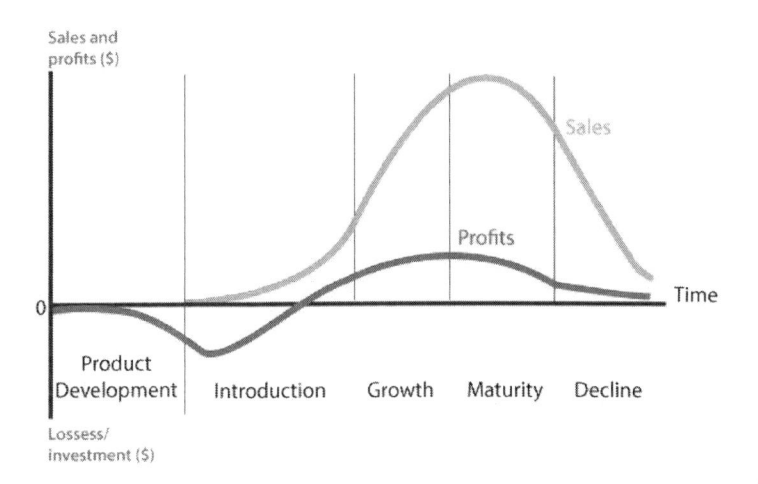

Abbildung 8: Product Life Cycle[79]

So wie Produkte – je nach angewendetem Produktmodell - unterschiedlichste Dimensionen aufweisen können, so kann auch jede Neuerung in den einzelnen Dimensionen als Innovation bezeichnet werden. Für die Beschreibung von Innovationen werden in der Fachliteratur wiederum unterschiedliche Modelle vorgestellt:

Ein Modell beschreibt Produktinnovationen in vier „Neuheitsdimensionen":[80]

- Subjektdimension – Neu für wen?
- Intensitätsdimension – Wie sehr neu?
- Zeitdimension – Wann beginnt und endet eine Innovation?
- Raumdimension – In welchem Gebiet neu?

Die Identitätsdimension wird dabei noch weiter in Inkrementale, Modulare, Architekturale und Radikale Innovation unterteilt.

Ein weiteres Modell beschreibt Innovationen nach unterschiedlichen Innovationstypen:[81]

---

[79] Quelle: (Kotler & Armstrong, 2010), S.297
[80] (Meffert, Burmann, & Kirchgeorg, 2012), S.396f.
[81] (Kuratko, Introduction to Entrepreneurship, 2009), S.125f.

- Erfindung – Neues Produkt, Dienstleistung oder Prozess
- Erweiterung – Neuartiger Gebrauch oder Anwendung eines bereits bestehenden Produktes, Dienstleistung oder Prozesses
- Vervielfältigung – Kreative Reproduktion eines existierenden Konzeptes
- Synthese – Kombination von existierenden Konzepten und Faktoren in eine neue Rezeptur oder Gebrauch

Die Ziele der Produktinnovationen sind durch das Produktprogramm vorgegeben. Somit wird mit der operativen Produktentwicklung eine strategische Vorgabe umgesetzt. Im Sinne der Erhaltung nachhaltiger Wettbewerbsfähigkeit ist es Unternehmen empfohlen das Innovationsmanagement zu institutionalisieren und den Prozess nicht dem Zufall zu überlassen. Hier ist u.a. zu entscheiden, ob die zugrundeliegende Innovationsstrategie durch Technologie („technology-push") oder Nachfrage („market-pull") induziert sein soll. Untersuchungen kamen zu dem Ergebnis, dass „... die primäre Orientierung an Nachfragebedürfnissen .... die erfolgreichere Handlungsoption ist."[82]

Auf operativer Ebene können im Allgemeinen die Wechselwirkungen von Faktoren, die die operative Produktgestaltung beeinflussen, in einem Modell der „Integralen Produktgestaltung" dargestellt werden (Abbildung 9: Wechselwirkungen in der „Integralen Produktgestaltung").

---

[82] (Meffert, Burmann, & Kirchgeorg, 2012), S.401

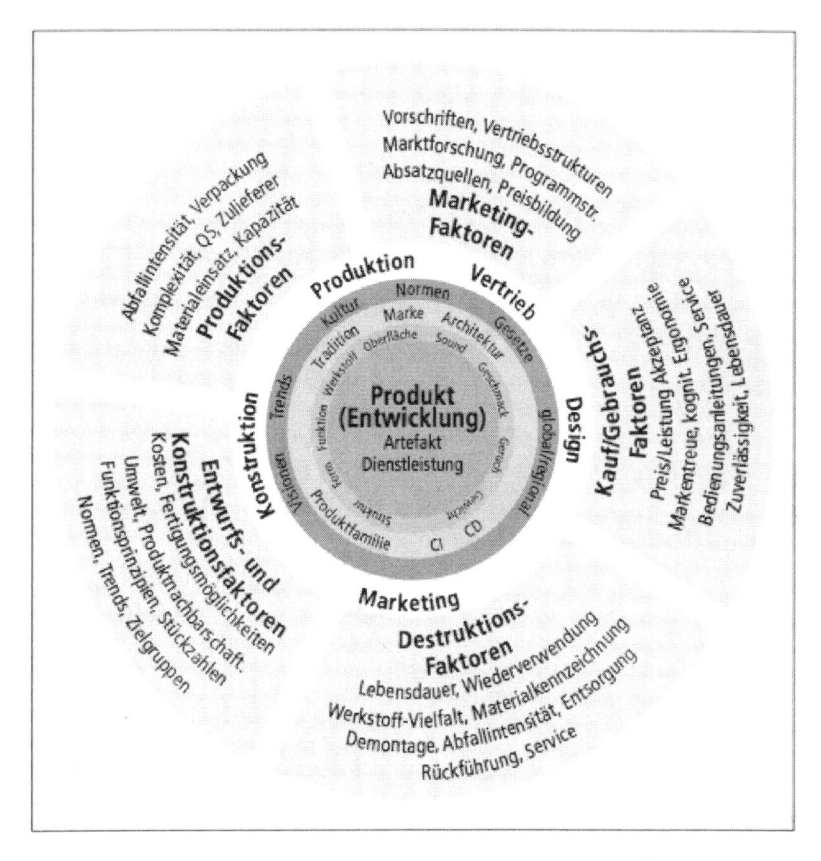

Abbildung 9: Wechselwirkungen in der „Integralen Produktgestaltung"[83]

4.4. Produktentwicklung als Integrale Produktgestaltung

Aufbauend auf das Modell der Integralen Produktgestaltung kann der Produktentwicklungsprozess in 4 Schritte unterteilt werden

1. Planen

In der Phase der Planung wird über Kundenanfragen, Marktanalysen, Trendstudien, Vorentwicklungen, Forschungsergebnissen etc. der Entwicklungsauftrag festgelegt.

---

[83] Quelle: (Reichert, 2007), S.21

2. Konzipieren

Diese Phase ist wiederum untergliedert in die Analyse, Funktionsgliederung, Prinzipaufbau und Auswahl. In der Analyse wird versucht, den Produktlebenszyklus einschließlich zu erwartender zeitlicher Änderungen von Kundenbedürfnissen in den nächsten Jahren zu antizipieren. Über Visualisierungstechniken werden erste Produktprototypen und Lebensart und Kultur angepeilter Zielgruppen dargestellt. In der Funktionsgliederung werden verschiedene Produktdimensionen z.B. mittels Mind-Mapping erfasst und beschrieben. Schließlich werden im Prinzipaufbau prinzipielle und quantitative Strukturen in Varianten dargestellt, die in der Auswahl nach einem bereits in der Analysephase festgelegten Bewertungsverfahren weiter priorisiert werden.

3. Entwerfen

In der Entwurfsphase entsteht das für den Benutzer sichtbare Produkt in 2 Formgebungsphasen, zunächst die der einzelnen Module bzw. Baugruppen und schließlich des Gesamtsystems.

4. Ausarbeiten

Die vorgestellte Methode der „Integralen Produktgestaltung" ist ein theoretisches Vorgehensmodell und der VDI-Richtlinie 2222 „Methodisches Entwickeln von Lösungsprinzipien abgeleitet." In der Praxis wird der Ablauf an die Problemstellung angepasst und unterschiedlich gewichtet. Die schlussendlich praktisch angewendete Methodik unterscheidet sich stark je nach Produkten, Unternehmen, Branchen, Kunden und Märkten.[84] Aus Sicht des Verfassers wird mit dem Vorgehensmodell der „Integralen Produktentwicklung" vor allem ein guter Leitfaden geschaffen, um die Zusammenarbeit von Cross-Functional-Teams zur zielgerichteten Zusammenarbeit zum Thema Produktentwicklung in größeren Unternehmen optimal zu koordinieren.

---

[84] (Reichert, 2007), S.19ff.

4.5. Produktentwicklung aus Sicht des Neuromarketing

Die Hirnforschung hat in den letzten Jahren sehr viele Fortschritte gemacht, die vor allem durch die funktionelle Magnet-Resonanz-Tomografie möglich wurden. Man versuchte intensiv, diese Untersuchungsmöglichkeiten auch auf die Erforschung des Kunden- und Konsumentenverhaltens anzuwenden. Eine wichtige Erkenntnis ist, dass der überwiegende Teil der menschlichen Entscheidungen nicht bewusst, sondern unbewusst fällt. Im vorgestellten darauf aufbauenden Modell liegen unsere wesentlichen Verhaltensprogramme zugrunde, die sogenannten limbischen Instruktionen, die sich in folgenden 3 Belohnungsdimensionen äußern:[85]

- Balance: Sicherheit und Schutz
- Dominanz: Durchsetzung gegen und Verdrängung von Konkurrenten
- Stimulanz: Aktive Erkundung und Aufsuchen neuer Umgebung und Hinwendung zu neuen Reizen

Auf diese Erkenntnisse aufbauend wurden Modelle entwickelt wie z.B. die „Limbic Map" der Gruppe Nymphenburg, die o.a. Belohnungsdimensionen mit Werten verknüpft und so ein Instrument darstellt, um die Kaufentscheidungen von Kunden und Konsumenten transparent zu machen.[86] In der Limbic Map (Abbildung 10: Limbic Map der Gruppe Nymphenburg) haben alle Produkte ein generisches Emotionsfeld. Zeitgleich aktivieren Produkte aber auch unterschiedlichste andere Emotionsfelder, die mit der Motivwelt der Konsumenten korreliert. Wenn man diese Motivwelt versteht, kann man in der Produktentwicklung bewusst bestimmte Emotionsfelder ansprechen bzw. kombinieren und das Primärmotiv eines Produktes verstärken, um auf das Kaufverhalten der Konsumenten positiv einzuwirken. In der entsprechenden Fachliteratur wird in diesem Zusammenhang von „emotionaler Aufladung" oder „Product Boosting" gesprochen.[87]

Im Modell der Gruppe Nymphenburg wird das Produkt in mehreren Dimensionen strukturiert, die dann „emotional aufgeladen" werden können:

---

[85] (Häusel, Think Limbic!, 2013), S.28
[86] (Häusel, Brain View - Warum Kunden kaufen, 2012), S.53
[87] (Häusel, Emotional Boosting, 2012), S.57ff.

- Functional Boosting - Verstärkung des Primärnutzens eines Produktes
- Distinctional Boosting – Wunsch nach Status und Individualität erfüllen (Unterscheidung zum Mitmenschen)
- Mythical Boosting – Wunsch des Konsumentenhirns nach Geschichten erfüllen
- Magical Boosting – Produkten „Zauberkräfte" implizieren (Zuschreibung „übernatürlicher Kräfte", fetischisieren)

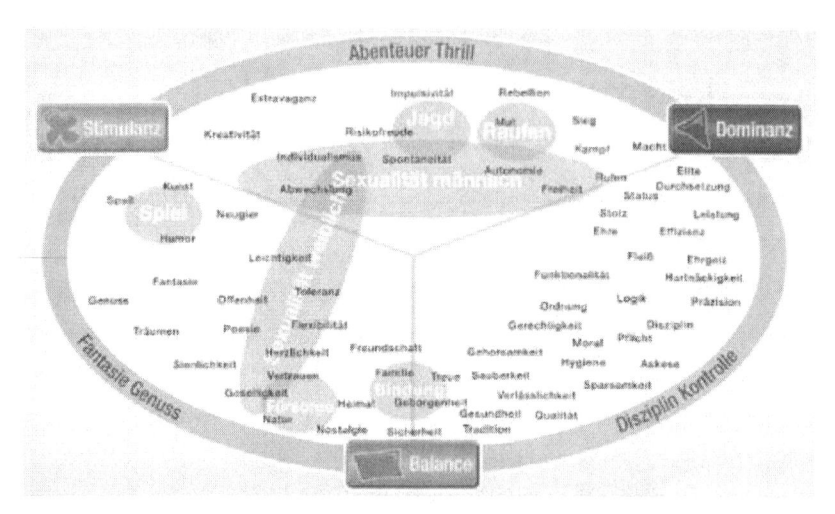

Abbildung 10: Limbic Map der Gruppe Nymphenburg[88]

4.6. „Tuwun" - Produktentwicklung mithilfe zielgerichteter Marktgespräche

Ein interessantes, in der Fachliteratur vorgestelltes Verfahren, ist „tuwun". „Tuwun" ist ein Akronym für „tell us what you need" und ist ein „ausgereiftes Verfahren, das sich voll auf die Bedürfnisse ... [der] Kunden konzentriert..."[89] „Tuwun" ist im Wesentlichen ein Leitfaden für Kundengespräche. Der Leitfaden gibt hierbei Empfehlungen für viele Details, die von der Auswahl des Gesprächsortes, des Gesprächspartners, der Interviewer, des Termins über die Gesprächsvorberei-

---
[88] Quelle: (Häusel, Brain View - Warum Kunden kaufen, 2012), S.53
[89] (Langbehn, 2010), S.11

tung, der Gesprächsstruktur, -inhalt bis zur Gesprächsauswertung, Produktkonzeption und Konzeptpräsentation reichen. In Ergänzung zur klassischen Methode der Face-to-Face-Umfrage im Rahmen eines Erhebungsverfahrens der Ad-hoc-Forschung als klassisches Marktforschungsinstrument[90] referenziert „Tuwun" mit seinen Gesprächsergebnissen auf ein konkretes Produktmodell. „Tuwun" ist somit eine hervorragend beschriebene Schnittstelle zwischen Marktforschung und Produktentwicklung.

Gemäß den Empfehlungen von „tuwun" sind die Gespräche gut vorbereitet durch geschulte eigene Mitarbeiter in strukturierter Art und Weise beim Kunden (dort, wo das künftige Produkt gebraucht wird) in 3 Sequenzen zu führen. Nach einer nach Kundenbedürfnissen orientierten Marktsegmentierung ist in einer ersten Sequenz mit 5 bis 10 Gesprächspartnern die „Lebenswelt" zu erfassen. In dieser Phase soll anhand von Erlebnissen und Beispielen über Werte, Einstellungen, Gefühle und Ängste des Kunden Kenntnis erlangt werden. Nach Dokumentation der ersten Phase und Reflexion der Ergebnisse geht man in eine zweite Sequenz und erfasst in wiederum 5 bis 10 Gesprächen die Treiber, Tätigkeiten, Aufgaben, Probleme, Erfolgsfaktoren und Komplexität, um zum USP zu gelangen. Der USP wird nach den Erkenntnissen dieser Sequenz im Unternehmen entwickelt. In einer dritten Sequenz schließlich werden die 6 Perspektiven (siehe auch Tabelle 5: 6 Produktperspektiven auf Seite 128) des Produktes erfasst. Alle gesammelten Informationen dienen dazu, schließlich ein Produkt zu entwickeln, das in allen 6 Perspektiven das USP-Versprechen erfüllt.[91]

4.7. Anwendungsmöglichkeiten strukturierter Produktentwicklungs-methodik im gegenständlichen Gründungsprojekt

In den vorangegangenen Kapiteln bis wurde ein Ausschnitt aus der Fachliteratur über Produktmodelle, Produktprogramme und Produktentwicklungsmöglichkeiten vorgestellt. Das in dieser Arbeit vorgestellte Gründungsprojekt ist ein Produktionsunternehmen, somit sind die Produkte und Produktprogramme DAS Aushän-

---

[90] (Berekoven, Eckert, & Ellenrieder, 2009), S.98ff.
[91] (Langbehn, 2010), S.277

geschild des Unternehmens und bestimmen an führender und prominenter Stelle Positionierung und Markenerlebnis des Unternehmens AUBERG® Manufaktur. Entsprechend bedeutungsvoll ist das Thema der Produktentwicklung nicht nur in Zukunft, sondern auch bereits in der Gründungsphase des Unternehmens.

Bereits bei der Entscheidung für den Eintritt in die betreffende Branche und für die Umsetzung der vorgestellten Geschäftsidee waren natürlich konkrete Produktideen mitverantwortlich und richtungsgebend für den Entscheidungsprozess. Neben den Ideen waren jedoch keine Erfahrungen aus institutionalisierten oder strukturierten Produktentwicklungsprozessen aus den beruflichen Vorerfahrungen der Gründer vorhanden.

Somit wird die Systematik des Produktkerns zum erweiterten Produkt dankbar aufgenommen, um auch in den Anfängen zumindest eine Art Checkliste zu entwickeln.

Das Thema des Produktprogrammes einschließlich der weiteren vorgestellten Charakterisierungsmöglichkeiten stellt für die strategische Planung v.a. im Anfangsstadium eine wesentliche Hilfe dar. Dieses Hilfsmittel zur Strukturierung wurde bei der Erstellung des Business-Plans intensiv verwendet, um eine nachhaltige Soll-Positionierung bereits in der Gründungsphase vornehmen zu können. Der Produktentwicklungsprozess in Anlehnung an die „Integrale Produktgestaltung" ist im Gegensatz dazu zu komplex und für die „Two-men-show" in der vorliegenden Gründungsphase zu aufwändig und kompliziert. Auf Grund geringer zu erwartender Entwicklungs- und Markteintrittskosten spielt das Konzept des PLC bei der Produktplanung wenig Rolle, wichtig ist jedoch das grundsätzliche Verständnis und die daraus gefolgerte Notwendigkeit ständiger Produktinnovation! Die Zugänge des Neuromarketing sind jedoch eine wertvolle Ergänzung zum grundsätzlichen Produktmodell, da die Perspektive der „emotionalen Aufladungen" von Produkten in der betreffenden Branche eine wesentliche, wenn nicht entscheidende, Rolle spielt. „Tuwun" ist schließlich der für die Produkte der AUBERG® Manufaktur anzustrebende Prozess, der sich in der beschriebenen Form jedoch auch erst ab einer bestimmten Betriebsgröße bzw. Verfügbarkeit von Humanressourcen realisieren lässt. Die Bewertung ist in Tabelle 6 dargestellt.

Managementinstrument	Eignung für Gründungsprojekt AUBERG® Manufaktur
Systematik	★ ★ ★
PLC	★
Integrale Produktgestaltung	¢
Neuromarketing	★ ★
„tuwun"	★ ★

★ ★ ★	sehr gut geeignet	★	geeignet
★ ★	gut geeignet	¢	ungeeignet

Tabelle 6: Bewertung der beschriebenen Managementinstrumente der Produktentwicklung für das vorliegende Gründungsprojekt

Zusammenfassend ist zu sagen, dass AUBERG® Manufaktur auch bereits in der Gründungsphase

- eine Systematik in der Verwendung des Produktbegriffes und dem Aufbau des Produktprogrammes anwendet
- einen Produktentwicklungsprozesses in Anlehnung an die Methodik „tuwun" institutionalisiert
- das gewählte Produktmodell um Inputs aus dem Neuromarketing ergänzt

Das so gewonnene Know-how im Themenbereich der Produktentwicklung und die Anwendung dessen soll der AUBERG® Manufaktur schlussendlich Wettbewerbsvorteile bringen.

5. Strategie

5.1. Begriffsdefinitionen

Der Strategiebegriff lässt sich etymologisch auf das Griechische zurückführen. „Stratos" bedeutet „Heer", „agos" bedeutet „Führer", es war also einst die Kunst des Heerführens.[92]

Tatsächlich spielte der Begriff lange schon im Militärischen eine Rolle, bevor er sich in der Managementlehre etablierte. Im Militärischen werden die Begriffe „Strategie" und „Taktik" getrennt verwendet, um im Wesentlichen die Entscheidungsebenen zu unterscheiden, WELCHE Gefechte zu schlagen sind (Effektivitäts-Frage) und WIE Gefechte zu schlagen sind (Effizienz-Frage). So war für Carl von Clausewitz, einem bedeutenden preußischen Offizier und Militärtheoretikers des 19. Jahrhunderts, die Taktik der Gebrauch der Streitkräfte im Gefecht, die Strategie der Gebrauch des Gefechtes zum Zwecke des Krieges.[93]

In der Managementlehre begann sich das Strategische Management ab Ende der 60-er Jahre zu etablieren. War es zu Beginn eher die Beschreibung langfristiger Planungstätigkeiten, so entwickelte sich der Begriff zur Lehre zum Aufbau langfristiger Erfolgspotenziale von Unternehmen. Damit „...besteht die Aufgabe der strategische Unternehmensführung darin, so früh wie möglich und so früh wie notwendig für die Schaffung und Erhaltung der besten Voraussetzungen für anhaltende und weit in die Zukunft reichende Erfolgsmöglichkeiten, das heißt für ‚Erfolgspotentiale' zu sorgen. Das Erfolgspotential ist die bei der strategischen Unternehmensführung im Mittelpunkt stehende Führungs- bzw. Steuerungsgröße."[94]

Michael E. Porter definiert Strategie über die Gestaltung einzigartiger und werthaltiger Positionen einschließlich differenzierter Maßnahmen, um sich vom Wettbewerb abzuheben. Dabei ist klar zu unterscheiden, was zu tun, aber auch, was zu unterlassen ist. Was jedoch getan wird, muss einem konsistenten, strategietyp-entsprechenden Muster folgen.[95]

Eine weitere mögliche Beschreibung der Strategie besteht in der Aufsplittung in vier Komponenten:

„1. Analyse der strategischen *Ausgangsposition,*

---

[92] (Müller-Stewens & Lechner, 2011), S.7

[93] (Clausewitz, 1998), S.157

[94] (Gälweiler, 2005), S.23f

[95] (Porter M. E., What Is Strategy?, 1996), o.S.

2. Bestimmung der *zukünftigen Stellung* der strategischen Geschäftseinheiten und der Unternehmung als Ganzes in der Umwelt,

3. Auswahl der Technologien und Entwicklung der Fähigkeiten und Ressourcen zur Erzielung von Synergieeffekten in den verschiedenen Tätigkeitsbereichen der Unternehmung, und

4. Festlegung von Kriterien und Standards, die kommunizierbar sind und anhand deren der Erfolgt der Strategien und die erwarteten Zielerfüllungsgrade gemessen werden."[96]

Eine eher praxisorientierte Kurzdefinition sieht die Strategie als „...set of related actions managers take to incrase their company's performance."[97]

Eine sehr umfassende Definition, die neben dem Strategiebegriff an sich auch die mögliche Initiierung, den Mitteleinsatz und den dahinterliegenden Zweck beinhaltet, schlägt Müller-Stewens vor:

„Im **Strategischen Management** geht es somit um (1) die Realisierung einer angestrebten Leistung für die (2) Anspruchsgruppen eines Unternehmens; dies kann erreicht werden durch (3) geplante und emergente Initiativen sowie (4) den Einsatz von Ressourcen, die zu einer (5) einzigarten Positionierung und (6) nachhaltigen Wettbewerbsvorteilen verhelfen."[98]

Allen Definitionen des Strategiebegriffes im Zusammenhang mit dem Management von Unternehmen gemeinsam ist die Zielsetzung einer künftigen Positionierung und die Beschreibung der „Marschroute", die dorthin führt. Dass im Unternehmensalltag die Phasen einer allfälligen Neubestimmung bzw. Überarbeitung einer künftigen Positionierung initiiert werden müssen (z.B. durch Managementprozess bzw. durch Mitarbeiterinitiativen) und der Prozess auch gesteuert werden muss, ist naheliegend. Auch über die Implementierung und die begleitende Performance-Messung gibt es zahlreiche Beiträge in der Literatur. Alle zuletzt genannten Be-

---

[96] (Hinterhuber H. H., Strategische Unternehmensführung. Band I: Strategisches Denken., 1996), S.7, zitiert nach (Bleicher K. , Das Konzept integriertes Management, 2011), S.270

[97] (Jones & Hill, 2010), S.3

[98] (Müller-Stewens & Lechner, 2011), S.18

reiche des strategischen Managements gewinnen mit der Größe von Unternehmen infolge der Zunahme an Komplexität, der Trägheit des Gesamtsystems und der Anzahl und Diversität an Mitarbeitern, die die gewählte Strategie (sofern erfolgreich kommuniziert) auch umsetzen müssen, an Bedeutung. Da die vorliegende Arbeit im Zusammenhang mit einem Gründungsprojekt verfasst wird, werden nach Beschreibung des Instrumentes des General Management Navigator (der u.a. den Anspruch erhebt, auf alle Unternehmensphasen anwendbar zu sein[99]) vor allem die Themen Positionierung, Geschäftsmodell und Wettbewerbsstrategie näher erörtert. Danach erfolgt eine Bewertung der Erkenntnisse im Zusammenhang mit dem begleiteten Gründungsprojekt.

5.2. Der General Management Navigator

Der General Management Navigator (GMN) wurde erstmalig 2001 veröffentlicht und beschreibt ein Management Instrument, das in vier plus eins Arbeitsfeldern die wesentlichen Komponenten des strategischen Managements abbildet. Über eine komprimierte graphische Darstellung wird auch der prozessuale Charakter erfasst. Hierbei sind die Arbeitsfelder sequentiell im Uhrzeigersinn, ausgehend von der Initiierung, aufzufassen. Die Arbeitsfelder setzen sich aus folgenden fünf Managementbereichen zusammen: Initiierung, Positionierung, Wertschöpfung, Veränderung und Performance Messung.

---

[99] (Müller-Stewens & Lechner, 2011), S.30

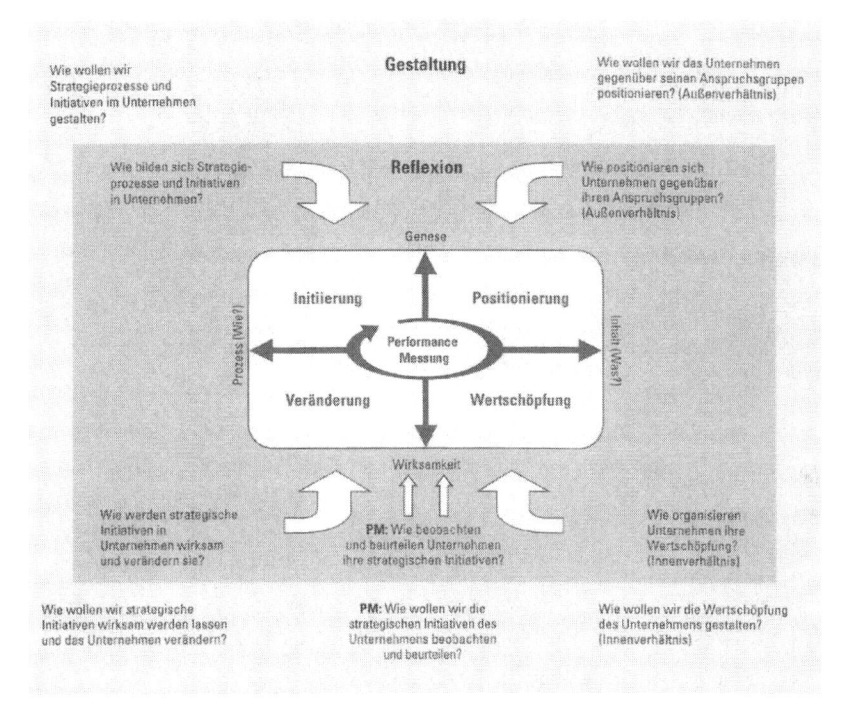

Abbildung 11: Graphische Darstellung des General Management Navigator[100]

Die Initiierung beschäftigt sich mit der Entstehung von Strategieprozessen in Unternehmen. Dabei ist es nicht in Stein gemeißelt, dass Strategieprozesse ausschließlich vom Top-Management „verordnet" werden. Es sind auch Strategieinitiativen aus den hierarchisch tieferen Führungs- bzw. Mitarbeiterebenen als Beginn von Strategiebildungsprozessen in Unternehmen möglich.

Die Positionierung legt das Verhältnis des Unternehmens zu seinen Anspruchsgruppen fest. Mit diesen Anspruchsgruppen sind nicht nur die klassischen Marktteilnehmer wie Kunden oder Wettbewerber gemeint, sondern alle Gruppen, mit denen das Unternehmen in Interaktionsprozesse tritt, wie zum Beispiel Behörden, Anteilseigner, unmittelbare Nachbarn etc.

---

[100] Quelle: (Müller-Stewens & Lechner, 2011), S.28

Beim Arbeitsfeld Wertschöpfung geht es um die Gestaltung des Geschäftsmodelles. Dabei spielt auch das Thema der Ressourcengewinnung für die Positionierung eine wesentliche Rolle.

Im Arbeitsfeld Veränderung wird der Frage begegnet, wie strategische Initiativen, die in den vorhergehenden Arbeitsfeldern Positionierung und Wertschöpfung mit Inhalten bestückt wurden, im Unternehmen operativ umgesetzt werden können.

Begleitet wird der gesamte Prozess mit dem Arbeitsfeld der Performance Messung. Mit seiner zentralen Anordnung stellt es Verbindung zu allen anderen Arbeitsfeldern her. „Messung" ist hier vielschichtig gemeint und bedeutet neben der üblichen finanzwirtschaftlichen Quantifizierung von Wertzugewinnen für Anteilseigner (Aktionäre, Gesellschafter...) auch Messung der Vermehrung von Werten für andere Stakeholder.[101]

5.3. Positionierung

Das wichtigste Element der Strategie ist die Frage der Positionierung. Bei der Positionierung legt ein Unternehmen seine Stellung gegenüber seinen relevanten Anspruchsgruppen fest und setzt seine Ressourcen und Fähigkeiten derart ein, dass diese Stellung erreicht werden kann.[102]

Die Frage der Positionierung in der Zukunft wird üblicherweise mit einer Analyse der aktuellen Positionierung begonnen. Voraussetzung dafür eine Analyse der Umwelt (externe Analyse) und eine Analyse der eigenen Fähigkeiten (interne Analyse). Lassen sich die eigenen Fähigkeiten in der Regel über die Zeit steuern, so sind die externen Faktoren nur sehr eingeschränkt beeinflussbar. Somit ist bei der externen Analyse auch ein Blick in die Zukunft unerlässlich (Branchenentwicklung, Verfügbarkeit von Ressourcen etc.). Bei der Bewertung künftiger Positionierungsoptionen eignet sich die SWOT-Analyse. Hier wird die Schnittstelle des Unternehmens von seiner Innen- zu seiner Außenwelt in einer genialen Darstellungsform sehr komprimiert sichtbar gemacht. Ganz generell kann die SWOT-Analyse für

---

[101] (Müller-Stewens & Lechner, 2011), S.24ff

[102] (Müller-Stewens & Lechner, 2011), S.125

sämtliche Fragestellungen angewandt werden, in denen ein Individuum in seinem Umfeld agiert und Entscheidungen treffen muss.[103]

Ist die Positionierung nach erfolgter Bewertung entschieden, so ist sie zu beschreiben. Neben graphischen zwei- oder mehrdimensionalen Portfolio-Darstellungen, die sich vor allem zur Darstellung der Unternehmensposition zum Wettbewerb eignen, werden die Positionierungsinhalte im Allgemeinen in Leitbildern kommuniziert. Aber das Leitbild leistet noch mehr. Es ein Kommunikationsinstrument der Vision und der Unternehmenspolitik als Module der normativen Dimension des St. Galler Managementmodells.[104] Und es bildet einen normativen Rahmen für die weitere Strategiearbeit.[105] In der weiterführenden Fachliteratur wird das Thema Leitbild hinsichtlich seines Inhaltes und seiner formalen Ausformungen unterschiedlich betrachtet. Manche setzen das Leitbild der Mission gleich, manche inkludieren im Leitbild Vision, Mission und zusätzlich die Formulierung von Kernwerten. Allen Autoren gemeinsam ist jedoch die Bedeutung des Leitbildes als Kommunikationsinstrument: „Mitarbeiter werden durch Leitbilder und die detaillierte Zuordnung personeller Einzelziele für die gemeinsame Zielerreichung motiviert und zum zielorientierten Handeln gebracht."[106] In weiterer Folge folgt der Verfasser der Beschreibung des Leitbildes bestehend aus den Teilen Vision, Mission und Kernwerten.

Die Vision ist eine Leitidee einer künftigen Wirklichkeit, die von einem Unternehmen angestrebt wird. Eine Vision sollte vier Eigenschaften erfüllen: Sie sollte sinnstiftend sein, motivierend, handlungsleitend und integrierend.[107] Dieses Zukunftsbild wird vom Individuum geschaffen. Sie resultiert aus den drei Eigenschaften Offenheit, Spontaneität und Realitätssinn. Aber sie wird auch nie erreicht, denn sobald sie in greifbare Nähe rückt, ist eine neue Vision zu entwerfen. Die Vision gleicht einem Polarstern. Die wegsuchende Karawane in der Wüste orientiert sich

---

[103] (Kerth, Asum, & Stich, 2009), S.187
[104] (Bleicher K. , Das Konzept integriertes Management, 2011), S.255
[105] (Müller-Stewens & Lechner, 2011), S.221
[106] (Kerth, Asum, & Stich, 2009), S.225
[107] (Müller-Stewens & Lechner, 2011), S.225

am Sternenhimmel. Die Sterne sind jedoch nicht das Ziel, sie geben Orientierung, egal aus welcher Richtung sich die Karawane der Oase nähert oder welche Erschwernisse und Hindernisse sich am Weg auftun.[108]

In der Mission wird der Daseinszweck des Unternehmens begründet. Die Mission erklärt den Unternehmensauftrag und sein Nutzenversprechen (Value Proposition) an seine Anspruchsgruppen.[109] Oft werden die Missionen in sogenannte „Mission Statements" komprimiert.

In den Kernwerten können nun detaillierte Positionierungsinhalte zu den einzelnen Anspruchsgruppen formuliert werden. Diese drücken sich in Handlungsgrundsätzen für die einzelnen Mitarbeiter aus.[110]

5.4. Geschäftsmodell

Gemäß der Prozessrichtung des General Management Navigator folgt der Positionierung das Arbeitsfeld der Wertschöpfung. Wertschöpfung im allgemeinen betriebswirtschaftlichen Sinn errechnet sich als Differenz zwischen Gesamtleistung des Unternehmens und den Vorleistungen.[111] Oder etwas detaillierter: „Als **Wertschöpfung** bezeichnet man die Differenz zwischen dem in einer bestimmten Periode erzielten Ertrag und den Aufwendungen für von Dritten bezogene Güter und Leistungen."[112] In der Begriffswelt der Strategie wird die Wertschöpfung allgemeiner formuliert. Demnach entsteht Wertschöpfung, *„…wenn Inputfaktoren so miteinander kombiniert werden, dass ein Output entsteht, dessen Wert höher ist, als der der eingekauften oder zur Verfügung stehenden Inputfaktoren."*[113] Hier sind die Eigenleistungen eingerechnet, die Betonung liegt im erzielten Mehrwert. Heruntergebrochen auf die Prozesse im Unternehmen kann dies in der Wertkette dargestellt werden. In der Wertkette wird das Unternehmen in strategisch relevante Teilein-

---

[108] (Hinterhuber H. H., Strategische Unternehmensführung: Strategisches Denken, 2004), S.74f
[109] (Müller-Stewens & Lechner, 2011), S.227
[110] (Kerth, Asum, & Stich, 2009), S.226
[111] (Lechner, Egger, & Schauer, 1999), S.864
[112] (Seiler, Accounting - BWL in der Praxis, 2008), S.166
[113] (Müller-Stewens & Lechner, 2011), S.354

heiten gegliedert. Gemäß Michael E. Porter liegt genau in den unterschiedlichen Ausprägungen der Teileinheiten die Differenzierung der einzelnen Unternehmen, die sich dann auch in unterschiedlichen Wettbewerbspositionen äußern.[114]

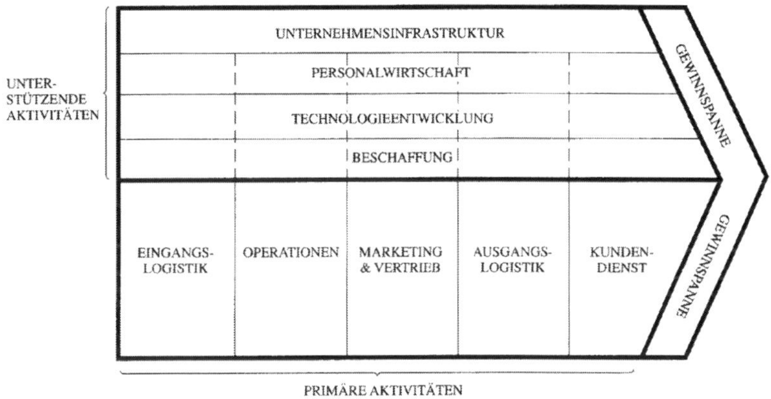

```
                    ┌──────────────────────────────────────────────┐
                    │        UNTERNEHMENSINFRASTRUKTUR             │
         UNTER-     │        PERSONALWIRTSCHAFT                    │   GEWINNSPANNE
         STÜTZENDE  │                                              │
         AKTIVITÄTEN│        TECHNOLOGIEENTWICKLUNG                │
                    │           BESCHAFFUNG                        │
                    ├────────────┬──────────┬──────────┬───────────┤
                    │ EINGANGS-  │OPERATIONEN│ MARKETING│ AUSGANGS- │ KUNDEN-  GEWINNSPANNE
                    │ LOGISTIK   │           │ & VERTRIEB│ LOGISTIK │ DIENST
                    └────────────┴──────────┴──────────┴───────────┘
                                    PRIMÄRE AKTIVITÄTEN
```

Abbildung 12: Wertkettenmodell von Michael E. Porter[115]

Das Geschäftsmodell schließlich geht über den Begriff der Wertschöpfung bzw. das analytische Instrument der Wertkette hinaus. Es beschreibt jene wichtigen vernetzten Aktivitäten eines Unternehmens, welche ein Nutzenversprechen (Value Proposition) realisieren, um Wertschöpfung zu erzielen.[116] Für die Strategiearbeit ist die Beschreibung der Wertschöpfung zu wenig, hier müssen die umfassenden Fragen für die Erstellung des Geschäftsmodelles beantwortet werden.

Eine griffige Darstellung des Geschäftsmodelles, das sich auch gut zur kreativen Bearbeitung eignet, wird von Osterwalder & Pigneur vorgestellt. Aktivitäten, Partnerschaften und Ressourcen erzeugen ein Nutzenversprechen, das über Vertriebskanäle und die Herstellung von Kundenbeziehungen das angepeilte Kundensegment erreicht. Den verursachten Kosten stehen Umsatzströme entgegen.[117]

---

[114] (Porter M. E., Wettbewerbsvorteile, 2010), S.65
[115] Quelle: (Porter M. E., Wettbewerbsvorteile, 2010), S.66
[116] (Müller-Stewens & Lechner, 2011), S.376
[117] (Osterwalder & Pigneur, 2010), S.16f

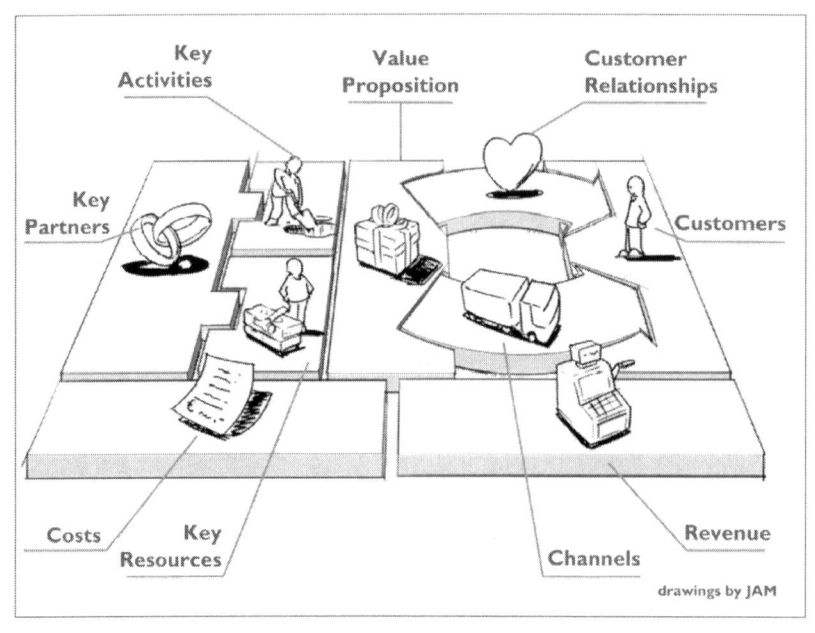

Abbildung 13: Geschäftsmodell nach Osterwalder & Pigneur[118]

Das Modell gemäß Abbildung 13: Geschäftsmodell nach Osterwalder & Pigneur lässt sich auch gut in einem Canvas zur praktischen Bearbeitung (z.B. Flip-Chart) darstellen und erhält hiermit zusätzliche praktische Bedeutung.

5.5. Strategietypen

5.5.1. Normstrategien

Unter Normstrategien werden einerseits Strategien bezeichnet, die sich aus der Lage einzelner Strategischer Geschäftsfelder in der Marktanteils-Marktwachstums-Matrix ergeben. Je nach Größe bzw. Marktattraktivität bietet das Portfolio eine Darstellungsmöglichkeit, die Entscheidungsgrundlagen für folgende Normstrategien liefert:

- Defensivstrategien (hoher relativer Marktanteil, geringes Wachstum)
- Offensivstrategien (geringer relativer Marktanteil, hohes Wachstum)

---

[118] Quelle: (Osterwalder & Pigneur, 2010), S.18f

- Investitionsstrategien (hoher relativer Marktanteil, hohes Wachstum)
- Desinvestitionsstrategien (niedriger relativer Marktanteil, geringes Wachstum)

Die Differenzierung in die genannten Normstrategietypen hat für vorliegendes Gründungsprojekt wenig Relevanz. Die Strategietypen seien der Vollständigkeit halber erwähnt, jedoch nicht weiter erörtert. Für vorliegendes Gründungsprojekt kommt ausschließlich die Offensivstrategie in Frage.

5.5.2. Branchenanalyse und Wettbewerbsstrategien

Neben den Anteilseignern und Kunden gehören die Mitbewerber zu den wichtigsten Anspruchsgruppen eines Unternehmens. Somit ist im strategischen Management der Branchenanalyse als Teil der externen Analyse eine hohe Bedeutung beizumessen.[119] In der Branchen- bzw. Branchenstrukturanalyse werden die Einflussgrößen auf die Wettbewerbsintensität untersucht. Diese äußern sich im Wesentlichen in fünf Dimensionen: Rivalität innerhalb der Branche, Verhandlungsmacht der Lieferanten, Verhandlungsmacht der Abnehmer, Eintrittswahrscheinlichkeit von zusätzlichen Konkurrenten, Entwicklungsmöglichkeiten von Substitutionsprodukten. Die aus den beschriebenen Einflussgrößen entstehende Wettbewerbsintensität hat wesentlichen Einfluss auf die Branchenrentabilität, aber auch auf die Auswahl an Strategien, die einem Unternehmen potentiell zur Verfügung stehen.[120]

---

[119] Unter dem Begriff „Markt" bzw. „Marktanalyse" wurde in Kapitel die Analyse der Nachfrageseite der Marktteilnehmer zusammengefasst. Hier stehen die Begriffe „Branche" bzw. „Branchenanalyse" für die Analyse der Anbieterseite der Marktteilnehmer.

[120] (Porter M. , 2013), S.37

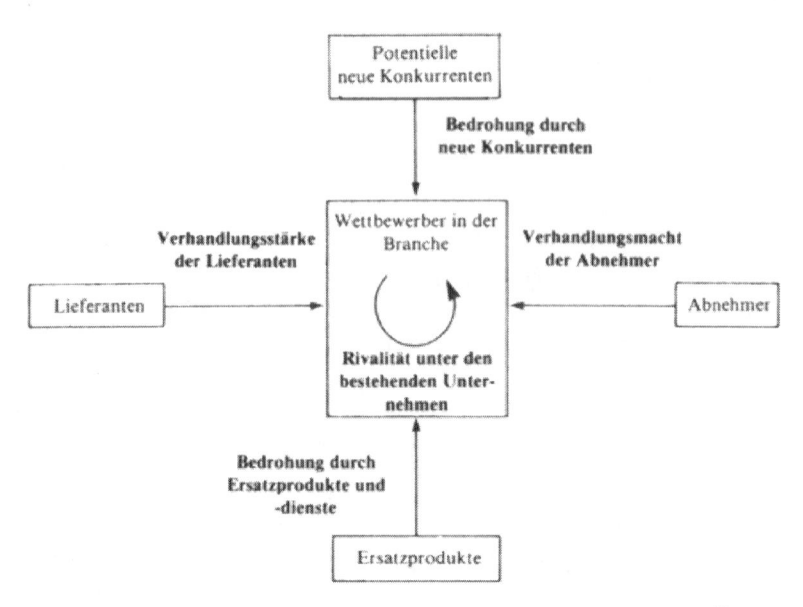

Abbildung 14: Die Einflussgrößen auf die Wettbewerbsintensität einer Branche[121]

Hinsichtlich der Wettbewerbsstrategien können drei Grundtypen unterschieden werden:

- Umfassende Kostenführerschaft
- Differenzierung
- Konzentration auf Schwerpunkte

Umfassende Kostenführerschaft fußt auf Wettbewerbsvorteilen, die zumeist über lange Zeit mit Hilfe der Erfahrungskurve aufgebaut wurde. Um Kostendegressionsvorteile lukrieren zu können, sind auch hohe Marktanteile erforderlich. Ein kostengünstiger Ressourcenzugriff ist ebenfalls von großer Bedeutung für diesen Strategietyp. Die Kostenführerschaftsstrategie ist eine mächtige Strategie, sie schützt gegen alle fünf Wettbewerbskräfte und auch bei Brancheninstabilitäten (z.B. kurzfristigen Preiseinbrüchen).

---

[121] Quelle: In Anlehnung an (Porter M., 2013), S.38

Die Differenzierungsstrategie gestaltet seine Wertschöpfungsprozesse derart, dass das geschaffene Produkt bzw. Dienstleistung als in der gesamten Branche als einzigartig angesehen wird. Durch diese Einzigartigkeit bindet sie Abnehmer an die Marke und verringert die Preisempfindlichkeit. Dadurch können überdurchschnittliche Erträge erwirtschaftet werden. Auch die Differenzierung schafft eine gefestigte Position gegenüber den fünf Wettbewerbskräften. Sie agiert wie die Kostenführerschaft branchenweit, auch wenn ggf. ein hoher Marktanteil auf Grund der wahrgenommenen Exklusivität nicht erreicht werden kann.

Die Konzentration auf Schwerpunkte zielt auf kleine regionale bzw. kundentypenspezifische Marktsegmente ab. Im Gegensatz zur Differenzierung stellt sie keinen Anspruch hinsichtlich Branchenreichweite. Sie begnügt sich mit einem spezifischen Segment. Auf Grund der Spezialisierung und der Ausbildung von Fähigkeiten, dieses spezifische Segment besonders gut zu bedienen, können auch Unternehmen mit dieser Strategie eine überdurchschnittliche Rentabilität erzielen.[122]

5.5.3. Marktfeldstrategien nach Ansoff

Die Wachstumsmöglichkeiten über das Leistungsangebot eines Unternehmens lassen sich mit der Produktfeld-Markt-Kombination nach Ansoff (Ansoff-Matrix) darstellen. Die Matrix bietet verschiedene Produkt-Markt-Kombinationen durch Veränderung des Leistungsprogrammes oder der Märkte.

Die Marktdurchdringung bedeutet die Erhöhung des Marktanteiles im bestehenden Markt. Diese kann z.B. durch erhöhte Produktverwendung oder durch die Gewinnung zusätzlicher Kunden erfolgen. Die Produktentwicklung bedeutet die Erweiterung des Produktprogrammes, z.B. durch Schließen von Lücken in Produktlinien oder Einführung zusätzlicher Produktlinien. Bei der Marktexpansion weitet man das aktuelle Angebot auf neue Märkte bzw. Marktsegmente aus. Die Diversifikation bedeutet schließlich die Eröffnung eines neuen strategischen Geschäftsfeldes auf neuen Märkten mit neuen Produkten.[123]

---

[122] (Porter M., 2013), S.73ff

[123] (Kerth, Asum, & Stich, 2009), S.197ff

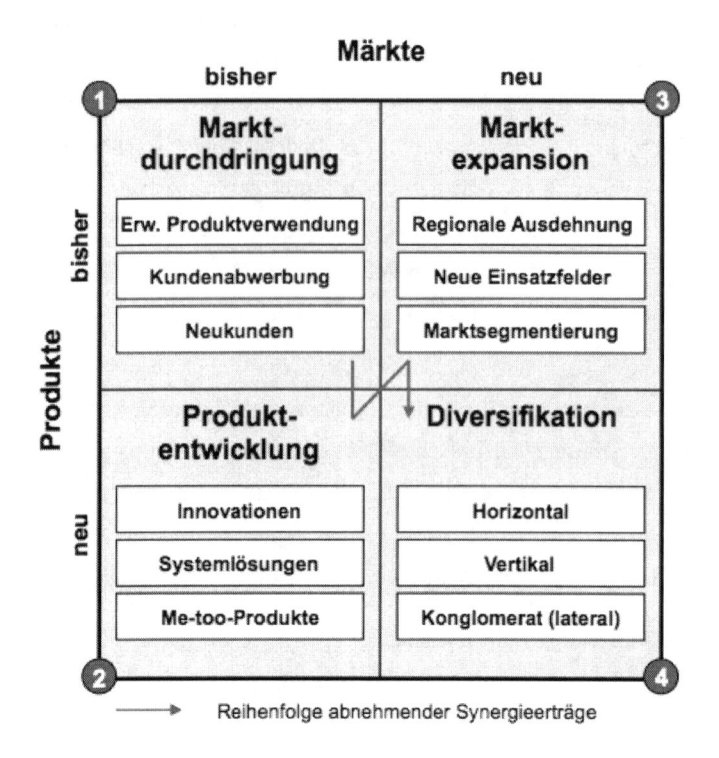

	Märkte	
	bisher	**neu**
bisher	**① Marktdurchdringung** Erw. Produktverwendung Kundenabwerbung Neukunden	**③ Marktexpansion** Regionale Ausdehnung Neue Einsatzfelder Marktsegmentierung
neu	**Produktentwicklung** Innovationen Systemlösungen Me-too-Produkte	**Diversifikation** Horizontal Vertikal Konglomerat (lateral)

→ Reihenfolge abnehmender Synergieerträge

Abbildung 15: Produktfeld-Markt-Kombinationen nach Ansoff[124]

5.5.4. Funktionale Strategien mit besonderem Augenmerk auf die Marketing-Strategie

In der Fachliteratur können Strategien auch nach der überwiegenden Anwendung in der Unternehmenshierarchie strukturiert werden. Man unterscheidet

- Unternehmensstrategien
- Geschäftsfeldstrategien
- Funktionale Strategien

In den Fragen der Unternehmensstrategie wird üblicherweise von diversifizierten Unternehmen ausgegangen. Hier geht es um Fragen der Ressourcenallokation und

---
[124] Quelle: (Kerth, Asum, & Stich, 2009), S.196

es kann mit Portfolio-Matrix und Normstrategien gearbeitet werden. Auf der Ebene der strategischen Geschäftsfelder spielen Wettbewerbs- und Wachstumsstrategien eine wesentliche Rolle. Aber auch funktionale Bereiche müssen Strategien entwickeln, die mit den gewählten übergeordneten Strategietypen konsistent sind. So müssen zum Beispiel bei einer gewählten Kostenführerschaftsstrategie auf Geschäftsfeldebene alle Unternehmens-funktionen darauf ausgerichtet werden und ihren Fokus auf Effizienz, Lernkurve, Größendegression etc. richten.

Von der Notwendigkeit einer konsistenten Strategie sind alle Funktionen (beispielhaft in der Wertkettendarstellung in Abbildung 12: Wertkettenmodell von Michael E. Porter) betroffen. Da in den westlichen Marktwirtschaften bei überwiegend freiem Wettbewerb die Unternehmenssteuerung üblicherweise aus dem Markt heraus erfolgt, spielt in diesen Bereichen das Strategische Marketing bzw. die Marketing-Strategie eine besonders bedeutende Rolle. Auf dieses Thema soll – auch hinsichtlich seiner Bedeutung für vorliegendes Gründungsprojekt – an Hand von Beispielen aus der Fachliteratur im Besonderen eingegangen werden.

Heribert Meffert gibt zum Thema Marketing-Strategien eine Übersicht und ordnet dem Markt zugewandten strategischen Themen bereits den funktionalen Marketingstrategien zu. Er unterscheidet weiter zwischen Basisstrategiegruppen, die einerseits die Wahl des Marktes und andererseits die Positionierungsinhalte zu den jeweiligen Marktteilnehmern zum Inhalt haben. In jeder Strategiedimension werden strategische Optionen zur Auswahl gestellt (siehe Abbildung 16: Systematik von Marketingstrategien und strategischen Optionen nach Meffert).

Basisstrategien	Strategiedimensionen	Inhalt der strategischen Festlegung	Strategische Optionen
Marktwahlstrategien	Marktfeldstrategie	Festlegung der Produkt-Markt-Kombinationen	■ Gegenwärtige oder neue Produkte in gegenwärtigen oder neuen Märkten ■ Rückzug aus bestehenden Märkten
	Marktarealstrategie	Bestimmung des Markt- bzw. Absatzraumes	■ lokale, regionale, nationale ■ internationale, multinationale ■ globale *(Arealstrategie)*
	Marktsegmentierungsstrategie	Festlegung von Art bzw. Grad der Differenzierung der Marktbearbeitung	■ Undifferenzierte ■ Segmentorientierte ■ Individuelle (One-to-One) *(Marktbearbeitung)*
Marktteilnehmerstrategien	Abnehmergerichtete Strategie	Festlegung der Marktbearbeitung gegenüber Abnehmern	■ Innovationsstrategie ■ Qualitätsstrategie ■ Markenstrategie ■ Programm-/Servicestrategie ■ Preis-Mengen-Strategie
	Absatzmittlergerichtete Strategie	Bestimmung der Verhaltensweisen gegenüber Absatzmittlern (Handel)	■ Kooperation ■ Anpassung ■ Ausweichen/Umgehung ■ Konflikt
	Konkurrenzgerichtete Strategie	Bestimmung der Verhaltensweisen gegenüber Konkurrenten	■ Kooperation ■ Anpassung ■ Ausweichen ■ Konflikt
	Anspruchsgruppengerichtete Strategie	Festlegung der Verhaltensweisen gegenüber indirekt marktbeeinflussenden gesellschaftlichen Anspruchsgruppen	■ Innovation ■ Anpassung ■ Ausweichen ■ Widerstand

Abbildung 16: Systematik von Marketingstrategien und strategischen Optionen nach Meffert[125]

Philip Kotler stellt die Marketingstrategie ausschließlich in den Dienst von Kundennutzen und Kundenbeziehungen. Sie beantwortet die Frage, mit welchen Werten (positioning & differentiation) welche Kunden (segmentation & targeting) bedient werden. Danach folgen Entscheidungen über die bekannten vier „P" (product, place, price, promotion), wie dieser Kundennutzen zu den gewünschten Kunden „transportiert" wird (siehe Abbildung 17: Integrierte Darstellung von Marketing-Strategie und Marketing-Mix nach Philip Kotler).

---

[125] Quelle: (Meffert, Burmann, & Kirchgeorg, 2012), S.292

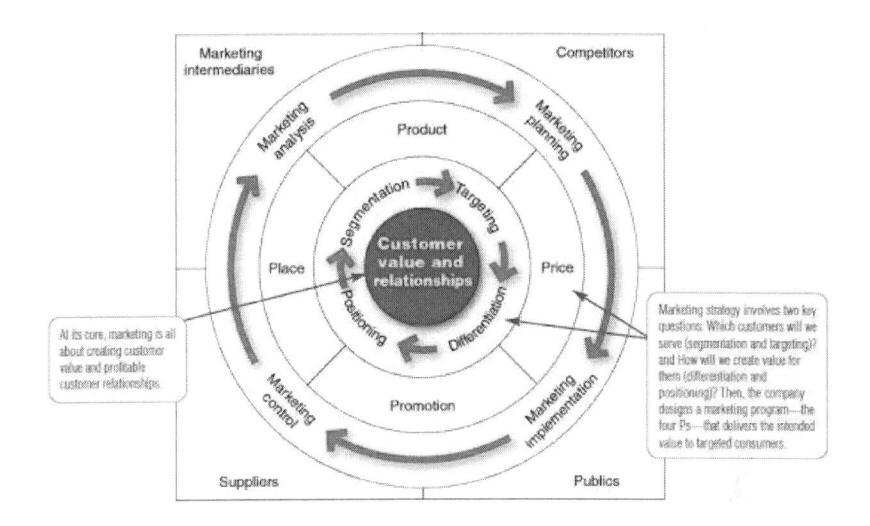

Abbildung 17: Integrierte Darstellung von Marketing-Strategie und Marketing-Mix nach Philip Kotler[126]

Aus den genannten Literaturbeispielen geht deutlich der enge Zusammenhang von Geschäftsfeld- und Marketing-Strategien hervor. Alle weiteren funktionalen Strategien sind im Nachhinein darauf anzupassen und nicht die bestimmenden Größen. Meffert gibt mit seinem Zugang zu dem Thema Marketing-Strategien einen guten Überblick über jene Fragen, die bei der Strategiearbeit generell zu beantworten sind. Abnehmerseitig macht die Aufstellung in Abbildung 16: Systematik von Marketingstrategien und strategischen Optionen nach Meffert die Differenzierung zwischen Absatzmittler und Kunde deutlich, was sich bei Kotler in einem gesonderten Thema der Werbe-Mix-Strategien wiederfindet.[127] Obwohl beide Autoren das Thema des Marketing-Mix neben das Thema der Marketing-Strategie stellen, und die Wahl der Marketing-Instrumente dem Thema der Marketing-Strategie folgt, ist aus Sicht des Verfassers die Wahl und die Entscheidung über die einzelnen Optionen im Marketing-Mix sehr wohl eine strategische Frage. Beim Marketing-Mix ist eine Auswahl aus den Marketing-Instrumenten betreffend die Themenkreise Produkt,

---

[126] Quelle: (Kotler & Armstrong, 2010), S.73

[127] (Kotler & Armstrong, 2010), S.442

Preis, Distribution und Kommunikation zu treffen. Um einzelne Fragestellungen zu visualisieren, sind das Preis-Qualitäts-Portfolio und das Bedürfnisintensitäts-Vermarktungsstärke-Portfolio zu nennen.

Abschließend zum Thema Marketing-Strategie soll noch ein Ausblick auf das Thema der Markenstrategie gegeben werden, da sich auch das vorliegende Gründungsprojekt damit befasst. Eine Marke ist ein Nutzenversprechen. Konsequentes Markenführungsmanagement zielt darauf ab, an allen Schnittstellen des Unternehmens das Markenerlebnis für alle Anspruchsgruppen nachhaltig erlebbar zu machen. Somit erschöpft sich eine Markenstrategie nicht nur im Design einer CI oder eines Produktes. Die Entscheidung für eine konsequente Markenstrategie hat somit weitreichende Folgen.

Die in die Marke investierten Mittel bilden sich im Markenwert ab. Der Markenwert besteht im Wesentlichen aus Bekanntheitsgrad, Markentreue, wahrgenommener Qualität und Markenassoziationen und bildet per Definition einen Zusatzwert (positiv oder negativ) zum Produkt oder Dienstleistung eines Unternehmens.[128]

Gemäß dem sogenannten identitätsbasierten Ansatz ist spielt für die Ausgestaltung der Marke neben der Außensicht auch die Innensicht (unternehmensinterner Aspekt) eine wesentliche Rolle. Diese sogenannte Markenidentität wird durch folgende sechs Komponenten beschrieben: Markenherkunft, Markenvision, Markenkompetenz, Markenwert (im Gegensatz zum oben verwendeten Begriff des Markenwertes (brand value) sind hier Einstellungen und Haltungen gemeint), Markenpersönlichkeit und Markenleistung. Ein praktisches Instrument zur Entwicklung und komprimierten Beschreibung von Marken ist das Markensteuerrad. Es beschränkt sich auf die vier Komponenten Kompetenz, Leistungsangebot, Tonalität und Markenbild, die in vier Quadranten angeordnet sind. Dabei erfolgt durch die vertikale Achse eine Trennung zwischen den analytischen/rationalen Elemente und den emotionalen Elementen. Letzteres ist den beiden Gehirnhälften nachempfunden, denen auch eine derartige Trennung von verarbeiteten Reizkategorien zugeschrieben wird.[129]

---

[128] (Aaker, Building Strong Brands, 1996), S.8

[129] (Esch, Tomczak, Kernstock, & Langner, 2006), S.58ff

Linke Gehirnhälfte
Sprache
Rechnen
Logik

Rechte Gehirnhälfte
Emotionen
Bilder
Phantasie

KOMPETENZ
Wer bin ich?

TONALITÄT
Wie bin ich?

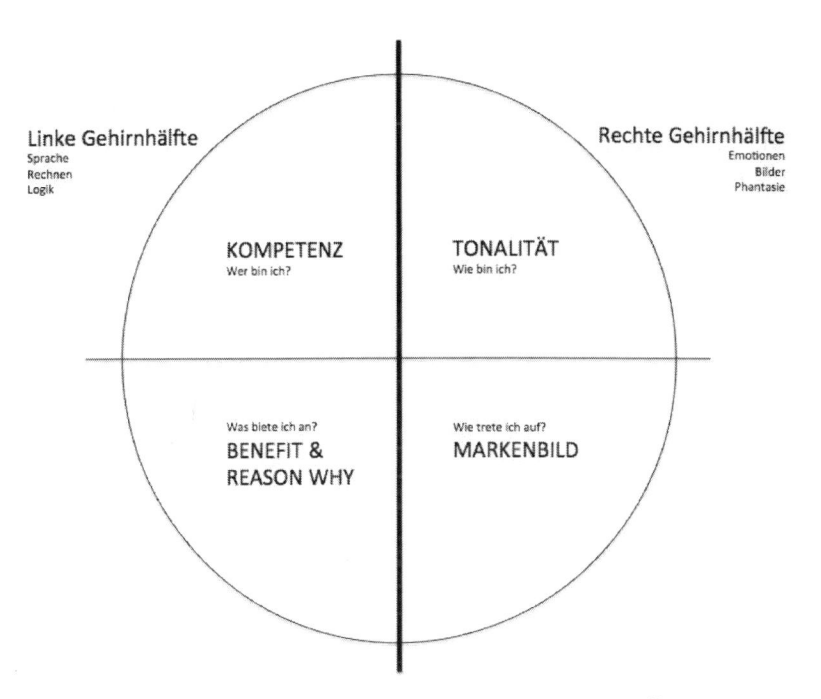

Was biete ich an?
BENEFIT & REASON WHY

Wie trete ich auf?
MARKENBILD

Abbildung 18: Markensteuerrad zur Darstellung von Markenidentitäten[130]

Marken können zur besseren Bedienung von bestimmten Zielgruppen zu Mehrmarkensystemen aufgeweitet werden. Je nach wahrnehmbarem Zusammenhang mit der Unternehmensmarke können verschiedene Markenarchitekturen gewählt werden. Es herrschen hier verschiedene Abstufungssysteme. Im englischsprachigen Raum haben sich betr. Unterschiedlicher Markenarchitekturen folgende Markenstrategien durchgesetzt (in Klammer äquivalente Begriffe und bekannte Beispiele):

- Branded House   (auch „One Firm", Beispiel: Siemens)
- Subbrands   (auch „House Branding", Beispiel: FedEx)
- Endorsed Brands   (Beispiel: Nestlé)
- House of Brands[131] (auch „Seperate Brands", Beispiel: P & G)

---

[130] Quelle: In Anlehnung an: (Esch, Tomczak, Kernstock, & Langner, 2006), S.63

[131] (Aaker & Joachimsthaler, Brand Leadership, 2000), S.104

5.6. E-Commerce-Strategie

Bevor auf die strategische Dimension des Mediums Internet eingegangen wird, soll im Folgenden kurz die wachsende Bedeutung des Faktors Internet für Wirtschaft und Gesellschaft erörtert werden.

Seit Beginn der 90er Jahre des 20. Jahrhunderts hat die Informationstechnik einen fundamentalen Wandel dieser Bereiche herbeigeführt. Während zu Beginn das Internet überwiegend als Informations- und Präsentationsplattform genutzt wurde, hat es sich rasant zu einer Plattform entwickelt, das direkt oder indirekten Leistungsaustausch für wirtschaftliche Zwecke ermöglicht. Kein anderes Medium hat in der Geschichte eine so rasche Marktdurchdringung vollzogen. Wofür das Festnetztelefon 75 Jahre oder der PC 16 Jahre benötigte, brauchte das Internet bloß 4 Jahre.[132]

Dafür waren neben der nachfrageseitigen Bedürfnisintensität vor allem auch technische Voraussetzungen notwendig. Neben der Entwicklung der Rechnerleistung waren auch die Leistungsfähigkeit von Software (z.B. zur raschen Bearbeitung großer Mengen von Texten, Bildern, Videos etc. ohne Qualitätsverlust) und der Ausbau der Netzinfrastruktur zur Aufnahme rapid wachsender Datenmengen wichtige Voraussetzungen. Derzeit wird am Ausbau des mobilen Datennetzes intensiv gearbeitet.[133]

Im Internet waren Meilensteine der technischen Möglichkeit auch Auslöser von Gründungswellen von Unternehmen (in der technologiebasierten Welt des Internets zumeist „Start-Up" genannt). Diese werden unter anderem unter den Begriffen Web 1.0, 2.0 und 3.0 subsumiert. Web 1.0 beschreibt die angebotsseitig getriebene Welle der Erschließung des Internets als zusätzlichen Distributionskanal. Einkaufs- und Shop-Portale bildeten hier die Anfänge. Das Web 2.0 ermöglichte schließlich die Vernetzung der Internetteilnehmer. Es war das aufkommende Zeitalter der Social Media. Internetteilnehmer wurden aktive Mitgestalter im Internet. Web 3.0 beschreibt schließlich Systeme, die nachfrageorientierte Plattformen ermöglichen.

---

[132] (Angeli & Kundler, 2011), S.204

[133] (Kollmann, E-Business, 2011), S.1ff

Der Nutzer (Konsument, Endkunde) wird hier zum bestimmenden Faktor.[134] Innerhalb der einzelnen Web-Generationen gibt es wiederum zahlreiche Formen von möglichen Geschäftsmodellen.

In Europa wuchs im Jahr 2013 der B2C-Online-Handel um 16,3% auf € 363,1 Mrd. Innerhalb der EU wurden davon 87,6% umgesetzt. Das Wachstum beschleunigt sich zudem, die Wachstumsrate war um 15% höher als noch im Jahr zuvor. Die umsatzstärksten europäischen Staaten sind Großbritannien, Deutschland und Frankreich. 2014 wird in Europa ein Online-Umsatz von € 425,5 Mrd. erwartet. Obwohl der Anteil des B2C-Online-Handels am gesamteuropäischen GDP (eGDP index) mit 2,2% noch gering ist, wird seine Verdreifachung bis 2020 erwartet und der Online-Handel als Schüsselfaktor für das europäische Wirtschaftswachstum angesehen.[135]

Der Mehrwert von elektronischen Wertschöpfungsprozessen in der Net Economy liegt vereinfacht in den Prozessen der Informationssammlung, -verarbeitung und -übertragung.[136] Dabei haben sich in der Praxis folgende Plattformen gebildet, die neben reinen Content-Systemen vor allem die typischen unternehmerischen Prozesse Einkauf, Verkauf und Handel unterstützen:

- E-Procurement: Elektronischer Einkauf von Produkten bzw. Dienstleistungen über digitale Netzwerke
- E-Shop: Elektronischer Verkauf von Produkten bzw. Dienstleistungen über digitale Netzwerke
- E-Marketplace: Elektronischer Handel mit Produkten bzw. Dienstleistungen über digitale Netzwerke

Auf Information und Kommunikation konzentrieren sich folgende Plattformen:

- E-Community: Elektronischer Kontakt zwischen Personen und Institutionen über digitale Netzwerke
- E-Company: Elektronische Kooperation zwischen Unternehmen über digitale Netzwerke

---

[134] (Kollmann, E-Entrepreneurship, 2011), S.22ff
[135] (Ecommerce Europe, 2014), o.S.
[136] (Kollmann, E-Business, 2011), S.42f

Anhand der gezeigten rasanten Entwicklung der Internetnutzung und der wirtschaftlichen und gesellschaftlichen Bedeutung des Internets und dessen technischen Möglichkeiten ist die Formulierung einer kompetenten und umfassenden E-Commerce-Strategie ein Pflichtfeld jeder unternehmerischen Tätigkeit. Das Internet bietet Chancen für jede Art der Unternehmung. Eine gute E-Commerce-Strategie kann alle funktionalen Bereiche betreffen, aber die Marketingstrategie im Besonderen. Hier sind vor allem die Managementthemen wie Kommunikation, Vertrieb, Markenführung und CRM zu nennen.

Jede strategische Entscheidung, ein bestimmtes Setting an Internet-Funktionalitäten zu nutzen, zieht weitreichende Folgen nach sich. Obwohl der Markt der Internetdienstleister mittlerweile Unternehmensfunktionalitäten - und somit Outsourcing-Möglichkeiten - in allen kapazitativen Größenordnungen anbietet, können gewisse Kernaufgaben nicht einfach delegiert werden. Somit müssen intern jedenfalls Ressourcen bereitgestellt werden, die für die E-Commerce-Politik des Unternehmens verantwortlich sind. Gerrit Heinemann formuliert hier acht S-Erfolgsfaktoren, die vor allem für den Internethandel zu beachten sind.[137]

Dies sind:

- Shop-Attraction and Selling Proposition
- Social Targeting and Societing
- Service- and Search-Solutions
- Singular-focused-Customization and Personalization
- System- and Supply-Chain-Excellence
- Security-Standard and –Reputation
- Supplement- and Support-Channel-Strategy
- Sourcing-Concept and Strategic Alliances

---

[137] (Heinemann, Der neue Online-Handel, 2012), S.96

5.7. Umlegung der gewonnenen theoretischen Erkenntnisse auf vorliegendes Gründungsprojekt

Aus Sicht des Verfassers konnten aus den vorgestellten Strategiethemen sehr viele praktisch anzuwendende Erkenntnisse für das bearbeitete Gründungsprojekt gewonnen werden. Der General Management Navigator liefert für das Gesamtverständnis von Strategieprozessen wesentliche Einsichten, bedient jedoch einen weit höheren Komplexitätsgrad als für vorliegendes Projekt notwendig. Die Themen Positionierung und Geschäftsmodell sind neben Marketing- und Markenstrategien für ein neugegründetes Unternehmen ebenfalls wichtige, zu bearbeitende Felder. Branchenanalyse und Wettbewerbsstrategien sind ein Must-Have für jeden Business-Plan. Auf Grund der betroffenen Entscheidungsebene für diversifizierte Unternehmen haben jedoch die Erkenntnisse über Normstrategien keinen greifbaren Wert für vorliegendes Projekt. Als wesentlich und wichtig werden jedoch die Themen der funktionalen Marketingstrategien, der Markenstrategien und der E-Commerce-Strategien angesehen. Die Bewertung ist in Tabelle 7 zusammengefasst.

Managementinstrument	Eignung für Gründungsprojekt AUBERG® Manufaktur
General Management Navigator	★
Positionierung	★ ★ ★
Geschäftsmodell	★ ★ ★
Normstrategien	¢
Branchenanalyse	★ ★
Wettbewerbsstrategien	★ ★ ★
Marktfeldstrategie nach Ansoff	★ ★
Marketingstrategien (funktional)	★ ★ ★
Markenstrategien	★ ★ ★
E-Commerce-Strategien	★ ★ ★
★ ★ ★ sehr gut geeignet	★ geeignet
★ ★ gut geeignet	¢ ungeeignet

Tabelle 7: Bewertung der beschriebenen Managementinstrumente aus dem Themenbereich der Strategie für das vorliegende Gründungsprojekt

6. Business Plan für das Unternehmensgründungsprojekt AUBERG® (gekürzt)

6.1. Executive Summary

AUBERG® steht für Produkte aus heimischen Heilplanzen, erzeugt in Bad Aussee im österreichischen Salzkammergut. Auf der Basis von pharmazeutischen Produkten umspannen drei geplante, in einer Endorsed-Brand-Strategie geführte Produktwelten sowohl Heilmittel, als auch Kosmetikprodukte und Genussmittel, bis hin zu Life-Style-Produkten. Die heimische Heilpflanzenwelt ist als Herkunftsorientierung der Produktwelten wesentlicher Bestandteil der strategischen Positionierung.

AUBERG® ist auf den Trends Gesundheit, Natur, Heimat, Regionalität und Erlebnis aufgebaut. Das österreichweite Marktpotenzial wird auf € 300 Mio. geschätzt. Der betroffene Konsumgütermarkt wächst jährlich um 3-5%.

Die Unternehmer sind seit rund 14 Jahren miteinander verheiratet, haben gemeinsame Familie, und sind an der Gesellschaft zu gleichen Teilen beteiligt. Die Kompetenzen gründen sich sowohl auf profunde, akademische Ausbildungen als auch auf langjährige Erfahrung im Apothekenwesen und im Management. Der Betrieb wird in seiner Startphase als reiner Produktionsbetrieb mit klassischer funktionaler Struktur geführt, wobei alle Aufgaben in den ersten Monaten nach Produktionsbeginn durch die Unternehmer selbst wahrgenommen werden.

Als wesentlichstes Risiko wird eine verzögerte Marktdurchdringung gesehen, die ihre Ursache z.B. bei Fehlern in der Produktentwicklung oder bei mangelnden Vertriebsressourcen haben kann.

6.2. Beschreibung der Geschäftsidee

Die Geschäftsidee ist simpel:

Erzeugung von Produkten aus heimischen Heilpflanzen

Dahinter verbirgt sich ein Konzept des Markenerlebnisses AUBERG®, das über die nächsten Jahre über eine vielfältige Produktwelt aufgebaut und schließlich in einem Erzeugungsbetrieb, realisiert werden soll. Zusammengefasst vereinigt die Marke AUBERG® die Trends Regionalität, Gesundheit, Natur, Heimat und Erlebnis.

6.3. Produkte

6.3.1. Herkunftsorientierung des Produktprogrammes – Grundpositionierung von AUBERG®

Das Produktprogramm unterliegt in der grundsätzlichen Ausrichtung der Herkunft seiner Ausgangsprodukte. Als solche wird die **heimische Heilpflanzenwelt** gewählt.

6.3.2. Drei Produktwelten

Die Marke AUBERG® gliedert sich in 3 Produktwelten mit eigenen Sub-Marken, die über eine „Endorsed Branding"-Architektur mit der Hauptmarke AUBERG® zusammenhängen. Jede Produktwelt verfügt über ein eigenes Produktprogramm mit mehreren Produktlinien.

6.4. Marktanalyse

6.4.1. Vorgangsweise

Es wird folgende Vorgangsweise gewählt: aus öffentlich zugänglich Sekundärdatenquellen wie STATISTIK AUSTRIA, SINUS-Milieus und regionalen Standortstudien werden die Konsumausgaben erfasst und mittels Segmentierungskriterien wie z.b. spezifische Konsumgüter und Lifestyle-Kriterien auf ein resultierendes Marktvolumen, das dem Leistungsangebot von AUBERG® entspricht, heruntergebrochen. Aus dynamischen Daten (wiederkehrende Untersuchungen) werden zudem Branchen-Wachstums-Raten abgeschätzt. Alle ausgewiesenen Daten sind Fakten von renommierten und fachlich anerkannten Institutionen.

6.4.2. Das Leistungsangebot von AUBERG ® liegt im Trend der Zeit

Durch Marktbeobachtung in den letzten Jahren und vermehrt in den letzten Monaten fallen aus Konsumentensicht mehrere Entwicklungen und Trends auf. Dies sind vor allem die Trends **Gesundheit, Natur, Heimat, Regionalität und Erlebnis**. Letztere Trends sollen an Hand von Beispielen und Analogieschlüssen deutlich gemacht werden. Schließlich sollen die aufgezeigten Trends im TrendCircle positioniert werden.

Der Trend **Gesundheit** leitet sich aus mehreren gesellschaftlichen Erscheinungen ab. Einerseits steigt durch die steigende Lebenserwartung auch die „Gesundheitserwartung". So wie die Lebenserwartung nicht ohne künstliche bzw. medizinische Hilfe von selbst zunimmt, so wird die Anhebung der „Gesundheitserwartung" auch nur durch gesundes Leben, gesunde Ernährung, Unterstützung durch Nahrungsergänzungsmittel etc. möglich sein. Andererseits steigt in den gesättigten westlichen Märkten, wo ein hoher Anteil der Bevölkerung Basisbedürfnisse bereits befriedigt hat, der Anspruch auf „Lebensqualität". Und „Lebensqualität" ist auch untrennbar mit Gesundheit verbunden. Dass der Anstieg der Gesundheitsausgaben über den Ausgaben der Gesamtwirtschaftsleistung liegt, zeigt Tabelle 8: Gesundheitsausgaben in Österreich zwischen 2005 und 2012 im Vergleich zur Gesamtwirtschaftsleistung.

Gesundheitsausgaben in Österreich laut System of Health Accounts (OECD) 2005 - 2012, in Mio. EUR									
Öffentliche und Private Gesundheitsausgaben	2005	2006	2007	2008	2009	2010	2011	2012	2005 - 2012
Laufende Gesundheitsausgaben	24.198	25.219	26.699	28.124	29.102	29.895	30.634	31.960	-
Änderungen zum Vorjahr bzw. Periodenanfang & -ende	-	4,2%	5,9%	5,3%	3,5%	2,7%	2,5%	4,3%	32,1%
Bruttoinlandsprodukt (BIP)	245.243	259.034	274.020	282.744	276.228	285.165	299.240	307.004	-
Änderungen zum Vorjahr bzw. Periodenanfang & -ende	-	5,6%	5,8%	3,2%	-2,3%	3,2%	4,9%	2,6%	25,2%

Tabelle 8: Gesundheitsausgaben in Österreich zwischen 2005 und 2012 im Vergleich zur Gesamtwirtschaftsleistung[138]

Der Trend **Natur** hat in den 1970ern seine Anfänge, als in den Städten die ersten Bio-Läden eröffneten. Auch die Reformhäuser waren Vertreter dieser Strömung, jedoch wurden deren Marktanteile durch Drogerieketten übernommen. Seither haben zahlreiche „Bio"-Marken die Welt des Lebensmitteleinzelhandels erobert. „Bio" erwarb auch zunehmende Akzeptanz bei den unterschiedlichen Life-Style-Zielgruppen: War „Bio" am Anfang eher etwas für die 68er-Generation und Alternative, so wurde „Bio" mit der Zeit schick und erreichte etablierte und gebildete Gruppen der Gesellschaft. Einen weiteren Hinweis auf den Trend Natur bietet die deutliche Zunahme von Outdoor-Aktivitäten und –Sportarten. Bergwandern, Schneeschuhwandern, Schitouren, Mountain-Biken etc. erfreuen sich zunehmender Beliebtheit.

Der Trend **Heimat** ist auch seit mehreren Jahren beobachtbar und als Gegentrend zu wirtschaftlich getriebenen Globalisierungsströmungen zu erklären. Die Be-

---

[138] Quelle: (STATISTIK AUSTRIA, 2014)

sinnung auf eigene kulturelle Werte wird u.a. durch das boomende Segment des „Landhaus-Lifestyle" sichtbar, der sich durch Internetmarktplätze und Magazine zeigt.

In die gleiche Kerbe schlägt der Trend **Regionalität**. Vor allem Tourismus-Regionen profitieren durch den Trend der Besucher, die besuchte Region mit allen Sinnen erleben zu wollen, und hier vor allem die Nahrungs- und Genussmittelerzeuger, die mit ihren Produkten den Regionen und ihrer regionalen Marke ihren Stempel aufdrücken.

Der Trend **Erlebnis** gewinnt an Bedeutung, seit die Informationsflut über diverse Medien in den letzten Jahren stark zugenommen hat. Erklärt wird das über die Gehirnforschung. Einerseits empfindet man bei einem Ereignis, das besser ist, als erwartet durch die Ausschüttung endogener Opioide im Frontalhirn – Spaß! Andererseits werden Informationen bei eben diesem Vorgang im Hirn auch besser verarbeitet.[139]

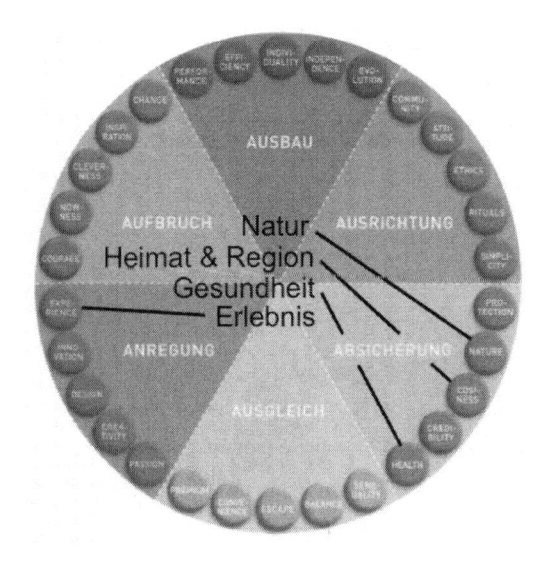

Abbildung 19: Die dem Leistungsangebot von AUBERG ® zugrundeliegenden Trends im TrendCircle.[140]

---

[139] (Leisse, 2012), S.246

[140] Quelle: In Anlehnung an: (Esch, Tomczak, Kernstock, & Langner, 2006), S.63

Die oben beschriebenen Trends finden sich in den 4 Trendsignalen „Health", „Nature", „Cosiness" und „Experience" des TrendCircle wieder.

6.4.3. Marktanalyse für den Erzeugungsbetrieb AUBERG ® Manufaktur für den österreichischen Markt

In diesem Teil der Marktanalyse wird die Nachfrageseite für das Leistungsangebot von AUBERG® als Erzeugungsbetrieb erörtert. Betrachtet wird der österreichische Markt. Für die Ermittlung quantitativer Kennzahlen und eine erste Abgrenzung wird der Markt in Produktgruppen gegliedert, die das Leistungsangebot von AUBERG® implizieren. Diesen Produktgruppen werden Verbrauchsausgaben aus statistischen Untersuchungen gegenüber gestellt.

Aus den 5-jährigen Konsumerhebung der STATISTIK AUSTRIA der Jahre 1999/00, 2004/05 und 2009/10 werden die Verbrauchsausgaben aller österreichischen Haushalte für o.a. Produktgruppen ermittelt. Daraus können Rückschlüsse auf die Marktentwicklung über 10 Jahre und die Marktvolumina dieser Großgruppen bestimmt werden.

Daten aus der Konsumerhebung der Jahre:	1999/2000		2004/2005			2009/2010			
Anzahl der Haushalte (in 1.000)	3.241,3		3.490,0			3.605,1			
	je Haushalt je Monat	Österreich je Monat	je Haushalt je Monat	Österreich je Monat	Veränderung zu 1999/2000	je Haushalt je Monat	Österreich je Monat	Veränderung zu 2004/2005	Österreich pro Jahr
	(€)	(in 1.000 €)	(€)	(in 1.000 €)	(%)	(€)	(in 1.000 €)	(%)	(in 1.000 €)
Verbrauchsausgaben je Haushalt	2.437,3	-	2.535,7	-	4,0%	2.910,0	-	14,8%	-
Verbrauchsausgaben gesamt (in 1.000 €)	-	7.900.020	-	8.849.593	-	-	10.490.841	-	125.890.092
Verbrauchsausgaben für ausgewählte Produkt(gruppe) von einzelnen Haushalten und hochgerechnet auf Österreich									
Ernährung, Alkoholfreie Getränke	322,9	1.046.616	330,6	1.153.794	2,4%	352,0	1.268.995	6,5%	15.227.942
Gesundheitsprodukte und -dienstleistungen	57,8	187.347	79,5	277.455	37,5%	102,0	367.720	28,3%	4.412.642
Körperpflege	62,5	202.581	65,4	228.246	4,6%	75,6	272.546	15,6%	3.270.547

Tabelle 9: Marktentwicklung der Branchen Ernährung, Gesundheitsprodukte und Körperpflege von 1999 bis 2010[141]

Der gesamte jährliche österreichische Konsumgütermarkt hat ein Volumen von rund € 125 Mrd Euro. Der Teilmarkt der Körperpflege ist gemessen am Gesamtmarkt eine kleine Konsumgüterbranche, die bei der Befriedigung der Bedürfnisse der Konsumenten keine dominante Rolle spielt. Der größte Markt ist jener der Lebensmittel, der mit rund € 15 Mrd. mit 12% zumindest eine wesentliche Rolle spielt. Das Marktvolumen für Gesundheitsprodukte und –Dienstleistungen beträgt

---

[141] Quelle: In Anlehnung an (Kronsteiner-Mann & Lenk, Verbrauchsausgaben 2004/05, 2006), (Kronsteiner-Mann & Klotz, Verbrauchsausgaben 1999/00, 2001), (Kronsteiner-Mann, Verbrauchsausgaben 2009/10, 2011)

jährlich € 4,4 Mrd. und rangiert mit etwa 3,5% der Gesamtausgaben auch in den hinteren Reihen (im Gegensatz zu Tabelle 8: Gesundheitsausgaben in Österreich zwischen 2005 und 2012 im Vergleich zur Gesamtwirtschaftsleistung werden hier nur jene Leistungen betrachtet, die durch Konsumenten bezahlt werden. In Summe beträgt das Volumen des Gesundheitsmarktes rund € 30 Mrd. (2010, Tabelle 8: Gesundheitsausgaben in Österreich zwischen 2005 und 2012 im Vergleich zur Gesamtwirtschaftsleistung), die Differenz von € 25,6 Mrd. trägt in Österreich u.a. die öffentliche Hand über die Sozialversicherungsträger).

Die monatlichen Ausgaben eines Durchschnittshaushaltes im Zeitraum 2004/5 bis 2009/10 sind von € 2.535,7 auf € 2.910,0 gestiegen, das ist eine Zunahme von 14,8%. Treiber der höheren Belastung der Haushalte waren vor allem Ausgaben für Wohnen und Energie, die auch einen hohen Anteil an den Gesamtausgaben besitzen. Letztere stiegen um +22,0% bzw. um +17,3%.[142] Der Lebensmittelmarkt ist im Zeitraum von 5 Jahren (2004/05 – 2009/10) um rund 6,5%, jener der Gesundheitsprodukte und –Dienstleistungen um 28,3% und jener der Körperpflege um 15,6% gewachsen. Vergleicht man letzteres Wachstum mit dem Wachstum der Gesamtausgaben von 14,8% und berücksichtigt man die Finanzkrise 2008 und die praktisch nicht vorhandene Preiselastizität der Konsumgüter „Wohnen" und „Energie", so sind diese Märkte in der Dimension „Wachstum" als attraktiv zu bewerten. Wie in den vergangenen Jahren ist zu erwarten, dass dieses Wachstum im Bereich Gesundheit und Körperpflege zudem über dem der gesamten Konsumausgaben liegen wird. Letzteres kann auch so interpretiert werden, dass die Bedeutung dieser Produktsegmente und somit durch sie befriedigte Kundenbedürfnis auf Kosten anderer Branchen zunehmen wird. Ein Marktpotenzial für die künftige Entwicklung der Branche kann nur aus den historischen dynamischen Daten extrapoliert werden, jedoch auch die abgeleiteten Argumente aus der Trendforschung sprechen für diese Entwicklung.

6.5. Branchen- und Umfeldanalyse

Aus der Branchensystematik der Konsumerhebungen der STATISTIK AUSTRIA

---

[142] (Kronsteiner-Mann, Verbrauchsausgaben 2009/10, 2011), S.29

bewegt sich AUBERG® mit seinem Produktspektrum in einem sehr kleinen Ausschnitt von drei großen Branchen.

Die Eintrittsbarrieren sind niedrig und mit vergleichsweise geringen Investitionsmitteln zu überspringen. Somit ist der Wettbewerb vielfältig und intensiv. Dennoch wird die Branchenrentabilität durch den Verfasser als relativ hoch eingeschätzt, da sich die zahlreichen kleinen Gewerbebetriebe ohne Nutzung von Kostendegression sonst wohl nicht nachhaltig am Markt behaupten könnten.

Bezüglich seines unmittelbaren Umfeldes ist der Standort Bad Aussee als ein Kerngebiet typisch österreichischer Lebenskultur mit seinen kommunizierten touristischen Werten von Gesundheit und Natur hervorragend geeignet, die emotionale Positionierung der Marke AUBERG® in Vielerlei Hinsicht positiv zu unterstützen. Die logistische Anbindung der Region an die großen Verkehrswege ist nicht optimal, aber auch für das Spezialgeschäft von AUBERG®, das keine hohen Mengenanforderungen hat, nicht relevant. Die Region des Salzkammergutes selbst ist ebenfalls geprägt durch überwiegend Klein- und Mittelbetriebe (KMU).[143] Der vorherrschende Erwerbszweig ist der Tourismus. Wenige größere Unternehmen sind Betriebe der Rohstoffbranche (Gips, Salz, Zement) und Speziallieferanten der Auto-, Elektrostahlindustrie und Gastronomie (Textilien, Elektroden, Kühltechnik). Sonst dominieren Gesundheitsbetriebe wie Rehabilitationszentren und Spezialkliniken die größeren Betriebsstrukturen. In der Kleinstadt Bad Aussee (ca. 5000 Einwohner) gibt es auch mehrere Gewerbebetriebe der Textilbranche (Hüte, Textildruck, Trachtenschneiderei). Es sind Familienbetriebe < 10 Mitarbeiter mit z.T. langer Tradition (z.T. > 100 Jahre).

Hinsichtlich der Verfügbarkeit qualifizierter Mitarbeiter wird regional nur ein beschränktes Spektrum an Berufen ausgebildet. Qualifizierte Arbeitskräfte (z.B. spezielle Gesundheitsberufe, Akademiker) pendeln ein bzw. ziehen oft zu, was jedoch auf Grund der hohen Lebensqualität in der Region keinen wesentlichen Standortnachteil bedeutet. Die Tourismusbranche beschäftigt überwiegend Saisonkräfte.

---

[143] In Österreich können KMU nach Umsatz, Bilanzsumme oder Anzahl der Mitarbeiter kategorisiert werden. Nach letzterem Kriterium sind Kleinbetriebe < 49 Mitarbeiter, Mittelbetriebe < 249 Mitarbeiter. Großunternehmen haben per Definition mehr als 250 Mitarbeiter. Siehe auch (Wirtschaftskammer Österreich, 2014).

6.6. Geschäftsfeldstrategie

Das Geschäftsmodell wird sich von der Basis her über alle Wachstumsstufen nicht wesentlich verändern. Grundsätzlich ist 100% der geplanten Wertschöpfung im eigenen Haus angedacht, in der Wachstumsphase ist jedoch nicht auszuschließen, dass Kapazitätsengpässe befristet über Lohnfertigung überbrückt werden.

Das Geschäftsmodell des Erzeugungsbetriebes wird in Abbildung 27 zusammengefasst.

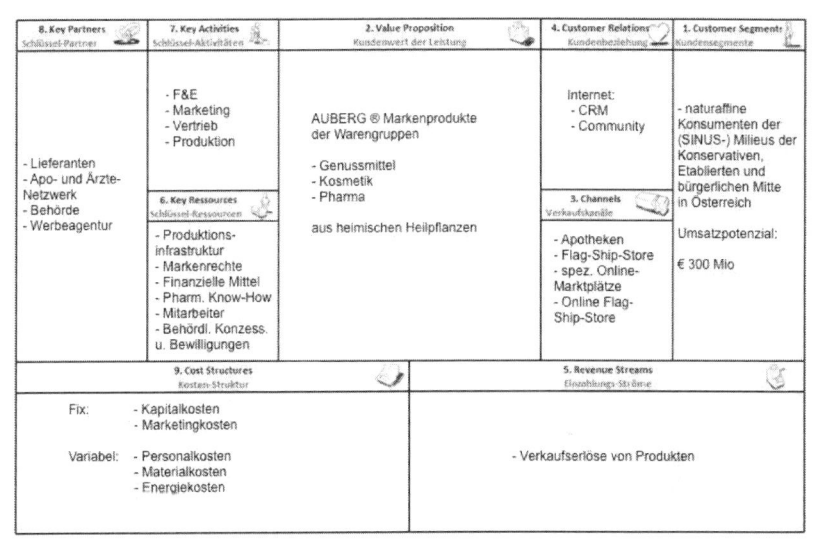

8. Key Partners Schlüssel-Partner	7. Key Activities Schlüssel-Aktivitäten	2. Value Proposition Kundenwert der Leistung	4. Customer Relations Kundenbeziehung	1. Customer Segments Kundensegmente
- Lieferanten - Apo- und Ärzte-Netzwerk - Behörde - Werbeagentur	- F&E - Marketing - Vertrieb - Produktion	AUBERG® Markenprodukte der Warengruppen - Genussmittel - Kosmetik - Pharma aus heimischen Heilpflanzen	Internet: - CRM - Community	- naturaffine Konsumenten der (SINUS-) Milieus der Konservativen, Etablierten und bürgerlichen Mitte in Österreich
	6. Key Ressourcen Schlüssel-Ressourcen		3. Channels Verkaufskanäle	
	- Produktionsinfrastruktur - Markenrechte - Finanzielle Mittel - Pharm. Know-How - Mitarbeiter - Behördl. Konzess. u. Bewilligungen		- Apotheken - Flag-Ship-Store - spez. Online-Marktplätze - Online Flag-Ship-Store	Umsatzpotenzial: € 300 Mio
9. Cost Structures Kosten-Struktur			5. Revenue Streams Einzahlungs-Ströme	
Fix: - Kapitalkosten - Marketingkosten Variabel: - Personalkosten - Materialkosten - Energiekosten			- Verkaufserlöse von Produkten	

Abbildung 20: Geschäftsmodell des Erzeugungsbetriebes AUBERG®[144]

6.7. Marketingstrategie und E-Commerce-Elemente

An E-Commerce-Elementen soll der Markteintritt von einem kompetenten und dem Anspruch der Marke AUBERG® genügenden Interneteintritt begleitet werden. Die notwendige Beratungsintensität der gewählten Launch-Produktlinie und die Konzentration auf den Apotheken-Vertriebskanal lässt den Aufbau eines Internet-Vertriebes zu Beginn in den Hintergrund treten. Jedoch sollte die Vertrieb-

---

[144] Quelle: Verfasser, in Anlehung an (Osterwalder & Pigneur, 2010), o.S.

stätigkeit durch die Anbindung der Apotheken über ein kundenspezifisches Online-Bestellsystem unterstützt werden (Bestellung wahlweise über Bestellformular/ Fax oder Online-Bestellformular). In dieser Phase könnte auch ein moderierter Blog als Möglichkeit für CRM und Video-Unterstützung zur Anwendungshilfe der Produkte gegeben werden.

6.8. Ressourcen & Struktur

Folgende Ressourcen werden benötigt:

- Infrastruktur (im Wesentlichen Räumlichkeiten)
- Ausstattung
- Rohstoffe & Verpackungsmaterial
- Personal
- Finanzielle Mittel

Für die Ausbaustufe I wird eine kleinflächige Infrastruktur benötigt, wo sowohl Produkte entwickelt als auch kleine Produktionschargen mit wenigen Produktionsmitarbeitern erzeugt werden können. Um möglichst Kosten zu sparen, soll zunächst wenig in bauliche Infrastruktur investiert werden, sondern vorhandene Mittel in Laboreinrichtungen, flexibel erweiterbare Produktionsanlagen und Marketing- und Vertriebsinfrastruktur fließen. Somit fällt die Entscheidung, in der ersten Phase die Fertigung in ungenützte Bereiche des Wohnhauses der Gründer einzurichten. Hier steht eine Fläche von rund 80 m^2 zur Verfügung. Auf Grund der erzeugungstechnischen Erfordernisse (Hygiene, Qualitätssicherung, Arbeitnehmerschutz etc.) sind jedoch Mindestmaßnahmen erforderlich, um den Bestand auf das erforderliche technische Niveau zu bringen. Die baulichen und gewerberechtlichen Genehmigungen wurden im Zeitraum Mai/Juni 2014 erlangt.

Neben den üblichen produktionstechnischen Erfordernissen von Roh- und Fertigwarenlager, Kommissionierung, Etikettierung und Verpackung ist die Ausstattung eines Labors und Produktionsraumes in Reinraumtechnik erforderlich. Ziel ist es, alle Prozesse eines Produktionsbetriebes zunächst im Kleinstmaßstab abzubilden.

Die diesbezüglichen Ausstattungen können von lokalen Gewerbebetrieben (Labormöbel etc.) als auch bei Spezialzulieferbetrieben für die Pharma-, Kosmetik- und Lebensmittelindustrie bezogen werden. Dasselbe gilt für die Rohstoffe. Da es sich um eine zersplitterte Branche handelt, ist die Lieferantenstruktur der Branche angepasst und verfügt über Angebote für alle Betriebsgrößen.

Die Region des Salzkammergutes verfügt über keine spezifischen Ausbildungseinrichtungen für Fachpersonal der pharmazeutischen bzw. kosmetischen Industrie. Die Möglichkeit besteht zur Ausbildung eigener Produktionsmitarbeiter. Die Durchführung von einfachen Produktionsschritten nach Anweisung ist sehr wohl für innerbetrieblich ausgebildete Mitarbeiter möglich, wenn auch umfangreicheres Fachwissen von Vorteil wäre. Somit werden auch Mitarbeiter in erforderlicher Anzahl und Qualifikation verfügbar sein. Strukturell kann die AUBERG® Manufaktur GmbH mit einem Standard-Erzeugungsbetrieb verglichen werden.

6.9. Zeitplan

Zum Zeitpunkt des Erstellens der vorliegenden Arbeit ist die Planungsphase für Ausbaustufe I nahezu abgeschlossen. Nach einer intensiven Phase der Branchenanalyse und Entwicklung der strategischen Positionierung im Winter 2013/2014 erfolgte im Jänner 2014 die Gründung der Gesellschaft. Die Gewerbeanmeldung für die Gewerbe des Handels, der Erzeugung kosmetischer Artikel und Lebensmittel erfolgte am 1. Februar 2014. Nach Planung der Infrastruktur und Erlangung der rechtlichen Bescheide im Mai 2014 wurde im Zeitraum Mai bis Juli 2014 vorliegender Business-Plan als Grundlage zur Unternehmensfinanzierung verfasst.

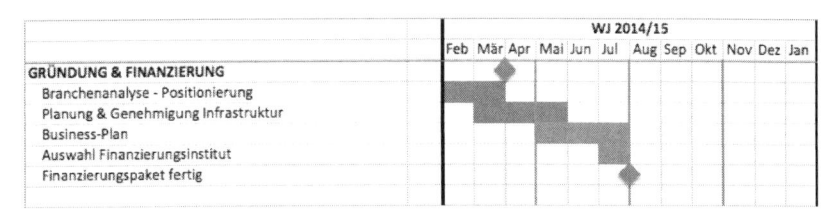

GRÜNDUNG & FINANZIERUNG	WJ 2014/15												
	Feb	Mär	Apr	Mai	Jun	Jul	Aug	Sep	Okt	Nov	Dez	Jan
Branchenanalyse - Positionierung												
Planung & Genehmigung Infrastruktur												
Business-Plan												
Auswahl Finanzierungsinstitut												
Finanzierungspaket fertig												

Abbildung 21: Zeitplan der formalen Gründungsphase von AUBERG® einschließlich Erstellung des Business-Planes als Finanzierungsgrundlage[145]

---
[145] Quelle: Verfasser

Ab September 2014 soll die Infrastruktur für Produktentwicklung und Produktion errichtet werden. Dafür werden 3 Monate veranschlagt. Sobald das Labor eingerichtet ist, werden die in den letzten Monaten theoretisch entwickelten Rezepturen in der Produktion getestet und finalisiert. Parallel erfolgen die weiteren Maßnahmen der Produktentwicklung (Design, Zulassung...).

Parallel zur Errichtung der Produktion wird die Auswahl der Werbeagentur getroffen und die Basisarbeit für die Unternehmenskommunikation (im Wesentlichen Content-Gestaltung des geplanten Web-Auftrittes) geschaffen.

7. Zusammenfassung

Der Begriff „Entrepreneurship" wird in der Literatur uneinheitlich verwendet. In der vorliegenden Arbeit wird der Begriff auf den dynamischen, von Vision geführten und von Veränderung und Erneuerung begleiteten Prozess zur Umsetzung neuer Ideen bezogen, wobei ökonomische Ziele nicht zwingend damit verbunden sind. Wirtschaftlich wird dem Unternehmertum große Bedeutung, vor allem in wachstumsschwachen Zyklen, beigemessen. Allerorts versucht die Politik in kapitalistisch orientierten Wirtschaftssystemen, ein unternehmerfreundliches Umfeld zu schaffen. Diesbezüglich hat die EU, und hier insbesondere Österreich, gegenüber den USA großen Nachholbedarf.

Der Planung in Unternehmensgründungen wird in der Fachwelt große Bedeutung beigemessen. Auch statistische Untersuchungen zeigen, dass die Wahrscheinlichkeit des Überlebens von Unternehmen bei Durchlaufen eines strukturierten Planungsprozesses bzw. nach Erstellung eines Business Planes deutlich größer ist. Aus dem Vergleich von vorgeschlagenen Strukturen und Inhalten von Business Plänen in der Fachliteratur wird die Struktur für den Business Plan des Projektes AUBERG® entwickelt. Bevor der Business Plan jedoch für das konkrete Gründungsprojekt formuliert wird, werden die Themen Märkte und Marktforschung, Produktentwicklung und Strategie theoretisch erörtert.

Unter dem Begriff „Markt" wird die Nachfrageseite aus Unternehmenssicht subsumiert. Nach Definition des relevanten Marktes erfolgt die Unterteilung des Marktes in Marktsegmente. Als Segmentierungskriterien können geographische, soziodemographische, psychographische und verhaltensorientierte Kriterien herangezogen werden. Wohingegen geographische und soziodemographische Kriterien auf Grund der öffentlichen Zugänglichkeit entsprechender Statistiken leicht quantifizierbar sind, ist dies für psychographische und verhaltensorientierte Kriterien nicht so einfach. Für psychographische Kriterien liegen z.b. SINUS-Milieus und Limbic Types vor, für verhaltensorientierte Kriterien gibt es keine derartigen Modelle. Ein weiteres wichtiges Hilfsmittel sind Ergebnisse der Trendforschung.

Soweit die Informationen aus Sekundärdatenforschung nicht verfügbar sind, können mittels Primärdatenforschung gezielte Fragestellungen hinsichtlich erforderlicher Marktdaten, auch in konkretem Bezug zum eigenen Leistungsangebot des Unternehmens, beantwortet werden. Hier sind vor allem die Methoden der Adhoc-Forschung (Befragungen), der Tracking-Forschung (Panel-Erhebungen), Beobachtungs- und Testverfahren zu erwähnen. Derartige Verfahren erfordern jedoch nicht unbeträchtliche finanzielle Mittel. Neuerding wird diesbezüglich für Kleinunternehmen das Modell „Omnibus" angeboten, wobei der Aufwand von Primärforschungsprojekten auf KMU unterschiedlicher Branchen aufgeteilt werden kann. Für vorliegendes Gründungsprojekt sind fast ausschließlich die Methoden der Sekundärdatenforschung von Relevanz.

Das Feld der Produktenwicklung spielt für ein produzierendes Unternehmen, und somit auch für das Projekt AUBERG®, eine bedeutende Rolle. Der Produktbegriff ist umfassend und kann auf verschiedene Weise beschrieben werden. Ein klassisches Modell ist das Dreischalenmodell, bestehend aus Produktkern, realem Produkt und erweitertem Produkt. Aus (Kunden-)Nutzensicht wird das Produkt über Grundnutzen und Zusatznutzen, wiederum bestehend aus Erbauungsnutzen (ästhetische Komponente) und Geltungsnutzen (soziale Komponente), beschrieben. Ein wiederum anderes Modell schlägt neben dem USP 6 verschiedene Perspektiven des Produktes vor. Alle Modelle liefern gute Anhaltspunkte für die Produktentwicklung, und seien sie nur Hilfsmittel für eine Checkliste, welche Aspekte bei Planung und Entwicklung von Produkten zu beachten sind.

Die Definition von Produktprogrammen, Produktlinien und Produkten liefern die Grundlage der Systematik zum Aufbau von Produktstrategien, die sich in Breite, Länge, Tiefe und Konsistenz von Produktprogrammen äußern. Die Lebenszeit von Produkten wird im Product Life Cycle visualisiert.

Eine Form der systematischen Produktentwicklung ist das Modell der „Integralen Produktgestaltung". Ein Modell aus dem Bereich des Neuromarketing liefert ähnliche Anhaltspunkte wie die oben beschriebenen Modelle. Die Methodik „tuwun" wiederum beschreibt sehr detailliert Gesprächstechniken mit Nutzern bzw. Kunden, um USP und die 6 Produktaspekte zu entwickeln. Hinsichtlich der Produktentwicklung für das Projekt AUBERG® werden aus allen vorgestellten Ansätzen Ideen übernommen werden, um von Anfang diesen wesentlichen und wichtigen Prozess systematisch zu gestalten. Nur die Methodik der „Integralen Produktgestaltung" richtet sich an Cross-Functional-Teams in größeren Unternehmen und ist für das Projekt AUBERG® nicht nutzbar.

Das Wissensgebiet der Strategie im Zusammenhang mit Unternehmensführung beschreibt wiederum die Realisierung einer angestrebten Leistung für die Anspruchsgruppen eines Unternehmens. Strategisches Management kann durch die Bereiche Initiierung, Positionierung, Geschäftsmodell, Veränderung und Performance Messung charakterisiert werden. Je nach Anwendungsfall können zahlreiche unterschiedliche Strategietypen unterschieden werden. Zu den wichtigsten und für vorliegendes Gründungsprojekt relevantesten Strategietypen zielen auf die Teilnehmer in der Branche ab und lassen sich als Wettbewerbsstrategien in die 3 Grundtypen „Umfassende Kostenführerschaft", „Differenzierung" und „Konzentration auf Schwerpunkte" unterscheiden. Unerlässlich ist in diesem Zusammenhang eine Branchenanalyse, die fünf Einflussgrößen auf die Wettbewerbsintensität untersucht: Rivalität in der Branche, Lieferantenmacht, Macht der Abnehmer, Bedrohung durch Ersatzprodukte, Potenzieller Eintritt neuer Konkurrenten.

Im Zusammenhang mit dem Thema der Produktstrategien bieten die Marktfeldstrategien nach Ansoff ein gutes Gerüst, um mögliche Vorgangsweisen für Wachstumsstrategien zu diskutieren. In marktgeführten Unternehmen sind Marketing-Strategien schließlich die wichtigsten Strategien auf funktionaler Ebene. Letztere werden in Folge ihrer Bedeutung oft auf der Ebene der Geschäftsfeldstrategien behandelt. Die wichtigsten Fragen aus Unternehmenssicht sind hinsichtlich der Auswahl der passenden Marketinginstrumente zu beantworten. Mit der Entwicklung des Internets gewinnen zudem strategische Fragen hinsichtlich der Auswahl an E-Commerce-Elementen zunehmend an Bedeutung. Als Königsdisziplin des Marketings wird oft das Thema der Markenführungsstrategie ins Spiel gebracht. In diesem Zusammenhang ist an allen Schnittpunkten des Unternehmens zu seinen Anspruchsgruppen ein definiertes Markenerlebnis sicherzustellen. Desweitern ist im Bedarfsfall eine geeignete Markenarchitektur zu wählen. Das Themenfeld der Strategien war das Ergiebigste für vorliegendes Gründungsprojet. Außer dem Thema der Normstrategien für die Ressourcenallokation diversifizierter Unternehmen können alle Erkenntnisse genutzt werden.

Im letzten Kapitel fließen schließlich die Erkenntnisse aus den Kapiteln 1 bis 5 in den (in der vorliegenden Form gekürzten) Business Plan für das Projekt AUBERG®.

Literaturverzeichnis

Österreichischer Apothekerverband. (n.d.). pka. Retrieved 07 01, 2014, from http://www.pkainfo.at

Aaker, D. A. (1996). Building Strong Brands. London: Simon & Schuster UK Ltd.

Aaker, D. A., & Joachimsthaler, E. (2000). Brand Leadership. London, UK: Simon & Schuster UK Ltd.

Angeli, S., & Kundler, W. (2011). Der Online Shop. München: Markt+Technik Verlag.

Backhaus, K., & Voeth, M. (2010). Industriegütermarketing (9., überarbeitete Auflage ed.). München: Verlag Franz Vahlen GmbH.

Beard, A. (2011, 05). Crucible: Forced to Shut Down. HBR.

Berekoven, L., Eckert, W., & Ellenrieder, P. (2009). Marktforschung - Methodische Grundlagen und praktische Anwendung (12. Auflage ed.). Wiesbaden: Gabler Verlag.

Bhide, A. (1994, 03). How Entrepreneurs Craft Strategies That Work. HBR.

Blank, S. (2013, 05). Why the Lean Sturt-Up Changes Everything. HBR.

Bleicher, K. (2011). Das Konzept integriertes Management (8. ed.). Frankfurt: Campus Verlag GmbH.

Clausewitz, C. (1998). Vom Kriege. Berlin: Ullstein Buchverlag GmbH & Co. KG.

Ecommerce Europe. (2014, 06 17). ECOMMERCE EUROPE. Retrieved 06 30, 2014, from http://www.ecommerce-eurepe.eu

Esch, F.-R., Tomczak, T., Kernstock, J., & Langner, T. (2006). Corporate Brand Management: Marken als Anker strategischer Führung von Unternehmen (2. Auflage ed.). Wiesbaden, Deutschland: Gabler Verlag.

Freiling, J. (2006). Entrepreneurship. München: Verlag Franz Vahlen GmbH.

Gälweiler, A. (2005). Strategische Unternehmensführung (3. Auflage ed.). Frankfurt: Campus Verlag GmbH.

Häusel, H.-G. (2012). Brain View - Warum Kunden kaufen (3. ed.). Freiburg: Haufe.

Häusel, H.-G. (2012). *Emotional Boosting (2. Auflage ed.)*. München: Haufe.

Häusel, H.-G. (2013). *Think Limbic! (4. Auflage (unveränderter Nachdruck) ed.)*. München: Haufe.

HBR. (2012, 09). Can Start-Ups Help Turn the Tide? *HBR* .

Heinemann, G. (2012). *Der neue Online-Handel (4. Auflage ed.)*. Wiesbaden, Deutschland: Gabler Verlag.

Hill, C. W. (2009). *International Business: Competing in the global marketplace (7th edition ed.)*. New York, USA: McGraw-Hill/Irwin.

Hinterhuber, H. H. (1996). *Strategische Unternehmensführung. Band I: Strategisches Denken. (6. neubearb. und erw. Auflage ed.)*. Berlin/New York.

Hinterhuber, H. H. (2004). *Strategische Unternehmensführung: Strategisches Denken (7., grundlegend neu bearbeitete Auflage ed., Vol. I)*. Berlin: Walter de Gruyter GmbH & Co. KG.

INTEGRAL Markt- und Meinungsforschungsges.m.b.H. (2014, 05 06). *INTEGRAL*. Retrieved 05 21, 2014, from http://www.integral.co.at

Isenberg, D. (2011, 04). Column: Entrepreneurs and the Cult of Failure. *HBR* .

Jones, G., & Hill, C. (2010). *Theory of Strategic Management (9th edition ed.)*. USA: South-Western, Cengage Learning.

Kerth, Asum, & Stich. (2009). *Die besten Strategietools in der Praxis (4., erweiterte Auflage ed.)*. München: Carl Hanser Verlag.

Klandt, H. (2006). *Gründungsmanagement: Der integrierte Unternehmensplan (2. Auflage ed.)*. München: R. Oldenbourg Verlag.

Kollmann, T. (2011). *E-Business (4. Auflage ed.)*. Wiesbaden: Gabler Verlag.

Kollmann, T. (2011). *E-Entrepreneurship (4. Auflage ed.)*. Wiesbaden: Gabler Verlag.

Komisar, R. (2000, 03). Goodbye Career, Hello Success. *HBR* .

Kotler, P., & Armstrong, G. (2010). *Principles of Marketing (13. ed.)*. New Jersey, USA: Pearson Education, Inc.

Kronsteiner-Mann, C. (2011). Verbrauchsausgaben 2009/10. (STATISTIK AUSTRIA, Ed.) Wien: Verlag Österreich GmbH.

Kronsteiner-Mann, C., & Klotz, J. (2001). Verbrauchsausgaben 1999/00. (STATISTIK AUSTRIA, Ed.) Wien: Verlag Österreich GmbH.

Kronsteiner-Mann, C., & Lenk, M. (2006). Verbrauchsausgaben 2004/05. (STATISTIK AUSTRIA, Ed.) Wien: Verlag Österreich GmbH.

Kuratko, D. F. (2009). Introduction to Entrepreneurship. Nashville: South-Western.

Langbehn, A. (2010). Praxishandbuch Produktentwicklung. Frankfurt: Campus Verlag GmbH.

Lechner, K., Egger, A., & Schauer, R. (1999). Einführung in die Allgemeine Betriebswirtschaftslehre (18. Auflage ed.). Wien: Linde Verlag.

Leisse, O. (2012). Be prepared - 30 Trends für das Business von morgen. Freiburg: Haufe Verlag.

Müller-Stewens, G., & Lechner, C. (2011). Strategisches Management (4. Auflage ed.). Stuttgart: Schäffer-Poeschel Verlag.

Meffert, H., Burmann, C., & Kirchgeorg, M. (2012). Marketing: Grundlagen marktorientierter Unternehmensführung (11. Auflage ed.). Wiesbaden, Deutschland: Gabler Verlag.

Osterwalder, A., & Pigneur, Y. (2010). Business Model Generation. Hoboken, New Jersey, USA: John Wiley & Sons, Inc.

Piper, N. (1996). Die großen Ökonomen (2. Auflage ed.). Stuttgart: Schäffer-Poeschel Verlag.

Porter, M. E. (2010). Wettbewerbsvorteile (7. Auflage ed.). Frankfurt, Deutschland: Campus Verlag.

Porter, M. E. (1996). What Is Strategy? Harvard Business Review .

Porter, M. (2013). Wettbewerbsstrategie (12., aktualisierte und erweiterte Auflage 2013 ed.). 2013, Deutschland: Campus Verlag.

Prodanovic, S., & Unterhuber, W. (2013). Zwischen Stahl und Schokolade. Wien: Styria.

RegioPlan Consulting GmbH. (2011). Standortgutachten Bad Aussee. Wien.

Reichert, G. (2007, 02). Integrale Produktgestaltung. Marketing Review St. Gallen, pp. 18 - 22.

Sahlman, W. A. (1997, 07). How to Write a Great Business Plan. HBR .

Samuelson, P., & Nordhaus, W. (2005). Volkswirtschaftslehre. Landsberg am Lech: mi-Fachverlag Redline GmbH.

Scarborough, N. M. (2012). Effective Small Business Managment (10th edition ed.). New Jersey, USA: Pearson.

Schlesinger, L. A., Kiefer, C. F., & Brown, P. B. (2012, 03). New Project? Don't Analyse - Act. HBR .

Schumpeter, J. (2005). Theorie der wirtschaftlichen Entwicklung. (J. Röpke, & Stiller, Olaf, Eds.) Berlin: Duncker & Humblot.

Seiler, A. (2008). Accounting - BWL in der Praxis (5. Auflage ed., Vol. I). Zürich: Orell Füssli Verlag.

Statistik Austria. (2007). Erfolgsfaktoren österreichischer Jungunternehmen. Wien: Verlag Österreich GmbH.

STATISTIK AUSTRIA. (2014, 02 11). STATISTIK AUSTRIA. (B. S. Austria, Producer) Retrieved 05 21, 2014, from http://www.statistik.at

STATISTIK AUSTRIA. (2014, 01 31). STATISTIK AUSTRIA. Retrieved 05 28, 2014, from http://www.statistik.at

Steindorfer, E. (2013, 03 23). GmbH neu: Gründen wird einfacher und billiger. Die Presse . Wien, Österreich: Styria Media Group.

Steindorfer, E. (2012, 09 07). Start-ups sind besser als ihr Ruf. Die Presse . Wien, Österreich: Styria Media Group.

Tourismusverband Ausseerland-Salzkammergut. (2014, 05 13). Mündliche Auskünfte.

Traum Ferienwohnungen GmbH & Co. KG. (2001). Traum-Ferienwohnungen.de. Retrieved 06 17, 2014, from http://www.traumferienwohnungen.de

Welsh, J. A., & White, J. F. (1981). A small business is not a little big business. HBR , S.18-32.

WirtschaftsBlatt Medien GmbH. (2014, 07 01). wirtschaftsblatt.at. Retrieved from http://www.wirtschaftsblatt.at

Wirtschaftskammer Österreich. (2014). WKO. Retrieved 06 27, 2014, from http://www.wko.at/

WKO Wirtschaftskammern Österreich. (2013). E-Commerce - Leitfaden für den Verkauf im Internet (1. Auflage ed.). Wien: Eigenverlag.

WKO Wirtschaftskammern Österreich. (2013). Leitfaden für Gründerinnen und Gründer (13. Auflage ed.). Wien, Österreich: Eigenverlag.

Zotter, J. (2012). Kopfstand mit frischen Fischen (1. Auflage ed.). Bergl: Eigenverlag.

Kurzprofil – Michael Klade

Michael Klade
michael.klade@aon.at

Berufspraxis

Seit 02/2014   Geschäftsführer
                    (AUBERG)

06/2012 – 05/2013   Geschäftsführer
                    (The Standard)

12/1995 – 06/2011   **Diverse Managementfunktionen,
                    zuletzt Leiter Bergbau und Prokurist**
                    (Salinen Austria AG)

Ausbildung

1987 – 1995   **Montanuniversität Leoben**
                    (Diplomstudium Bergwesen, Schwerpunkt Bergwirtschaft)

Beispiele von Diplomarbeiten 2014 (Auszug)

- Einführung eines hochspeziellen, innovativen Nischen-Produktes für Forschung und Entwicklung in Deutschland
- Positionierung und Entwicklung des Leistungsangebots sowie der Unternehmensstruktur im Hinblick auf die Branchenveränderung durch Online-Medienangebote
- Aufbau eines Finanzvertriebes im Akademikermarkt
- Market entry strategy for a new safety and traceability system for drug administration and blood transfusion
- Optimierung der Projektportfolioplanung am Beispiel der Sparkasse XY
- Entwurf eines Service Portfolios für einen IT-Dienstleister der Bundeswehr
- Corporate Branding: Die Marke «Flughafen XY» wirksam und nachhaltig einführen
- Die Neuausrichtung eines Unternehmens nach einem Management Buy Out
- Die Matrixorganisation als Antwort auf veränderte Marktanforderungen
- Strategische Analyse und Bewertung eines mobilen City Guides mit Augmented Reality für die Stadt XY
- Analyse und Optimierung zur Steigerung der Prozesseffizienz im Bereich Herstellung am Beispiel der XY Pharma AG
- Defizitäre Versicherungsbereiche profitabel ausrichten am Beispiel der Gebäudeversicherung für Eigentümergemeinschaften unter gewerblicher Verwaltung
- Intelligentes Preismanagement – Ein theoretischeer Überblick über Inhalte und Instrumente in der Preispolitik
- Intelligentes Preismanagement - Organisation, Inhalte und Instrumente in der Theorie und Praxis am Beispiel von XY
- Courses of Actions for the XY Portfolio
- Sind wir noch Generation «Y»?
- Vertriebssteuerung bei XY - Abgleich zwischen Theorie und Praxis mit anschliessender Handlungsempfehlung
- Unternehmenswertermittlung am Beispiel eines geplanten Verkaufs einer Unternehmensbeteiligung
- Strategische Analyse des XY e.V. zum Jahreswechsel 2013/2014
- Strategische Neuausrichtung des Hotels XY - ganzheitliche und nachhaltige Immobilienentwicklung für das Familienunternehmen in der 4. Generation
- Kundenservicemodelle für die Stahlindustrie: Entwicklung einer Vorgehensweise zur kosten- und kundennutzenorientierten Segmentierung der Kunden
- Change Management, als Schlüssel zum nachhaltigen Unternehmenserfolg
- Erfolgsfaktoren für den Baustoff-Fachhandel der Zukunft am Beispiel der XY GmbH & Co. KG
- Marktpositionierung und Einführung eines Start Up Unternehmens anhand des Beispiels der XY
- Entwicklung einer Vorgehensweise zur unternehmensübergreifenden Planung und Steuerung der XY-Division
- Customer Centricity in the Pharmaceutical Industry
- Aufbau einer Kostenstellenrechnung in einem weltweit tätigen, funktional organisierten Unternehmen

Beispiele von Diplomarbeiten 2014 (Auszug)

- Entwicklung eines Reporting Systems zur Steuerung der Instandhaltungskosten
- Strategische Ausrichtung des Bereiches Logistik für die XY Gruppe Deutschland
- Produkt und Marktstrategie für XY
- Markterfolgs-Konzeption am Beispiel der Einführung des tragbaren Sauerstoffmessgerätes für Brauereien
- Entwicklung einer Vertriebsstrategie für das Geschäftskunden-Segment eines deutschen Regionalenergieversorgers
- Implementierung eines integrativen Ansatzes zur Steuerung von Personalrisiken - dargestellt anhand ausgewählter personalwirtschaftlicher Instrumente am Praxisbeispiel der XY-Bank
- Strategy Building für Standard Solutions in the global Healthcare Industry - Intuitive vs. Evidence Based Approach
- Bewertung von verschiedenen Beschaffungstools für einen mittelständischen Hersteller gewerblicher Spültechnik in veränderten Unternehmens- und Konzernstrategien
- Kundenbindungsmanagement auf Basis eines Kundenzufriedenheits-Tools
- Mergers & Acquisitions - Acquisition criteria and Evaluation Model for the Fit Assessment in the Planning Phase
- Erfolgsfaktoren für klein- und mittelständische Unternehmen im Architekturbereich
- Erfolgreiches Outsourcing (Transition) von IT-Services
- Entwicklung eines Business Plans für das Unternehmensgründungsprojekt XY
- Dienstleistungsmarketing für Non-Profit-Organisationen am Beispiel eines Pflegeunternehmens – sinnvolle Erweiterungen des klassischen 4-P-Marketing Mixes
- Change Management im Vertrieb - Unternehmensentwicklung und Notwendigkeit der Veränderung im Vertrieb (am Beispiel XY International GmbH-Banking Vertrieb DACH)
- Von der Unternehmensstrategie zur IT-Strategie: Strategieentwicklung am Beispiel der XY Lebensversicherungs AG

Management Bücher (Auswahl)

Knut Bleicher
Das Konzept Integriertes Management
Campus Verlag – 8. Auflage, 2011
ISBN 978-3-593-39440-4

Knut Bleicher, Christian Abegglen (Herausgeber)
Band 5: Human Resources Management
Swiridoff Verlag, 2013
ISBN 978-3-89929-075-2

Knut Bleicher, Christian Abegglen (Herausgeber)
Band 4: Managementsysteme
Swiridoff Verlag, 2011
ISBN 978-3-89929-074-5

Halûk Sagol
Regionalitätsstrategien im Einzelhandel
Business Books & Tools St. Gallen, 2009
ISBN 3-905379-20-1

Hans-Erich Müller
Unternehmensführung
Strategien – Konzepte – Praxisbeispiele
Oldenbourg Verlag, 2010
ISBN 3-486-59729-5

Christian Abegglen, Robert Neumann (Herausgeber)
Corporate Dynamics, Band 1
Business Books & Tools St. Gallen, 2010
ISBN 3-905379-22-8

Christian Abegglen, Robert Neumann (Herausgeber)
Corporate Dynamics, Band 2
Business Books & Tools St. Gallen, 2010
ISBN 3-905379-23-6

Wolf Buchinger
Kommunikation und Rhetorik auf der Führungsetage
Business Books & Tools St. Gallen, 2007
ISBN 3-905379-06-6

Uwe S. Hackbarth/Eggolf v. Lerchenfeld
Personalimage (CD)
Business Books & Tools St. Gallen, 2006

Christian Abegglen (Herausgeber)
Ganzheitliches Management in der Praxis
Band 1: Ideen- und Innovationsmanagement
Business Books & Tools St. Gallen, 2010
ISBN 3-905379-24-4

Christian Abegglen (Herausgeber)
Ganzheitliches Management in der Praxis
Band 2: Ganzheitliche Unternehmensanalyse
Business Books & Tools St. Gallen, 2010
ISBN 3-905379-25-2

Christian Abegglen (Herausgeber)
Ganzheitliches Management in der Praxis
Band 3: Erschliessung neuer Geschäftsfelder
Business Books & Tools St. Gallen, 2010
ISBN 3-905379-26-0

Christian Abegglen (Herausgeber)
Ganzheitliches Management in der Praxis
Band 4: Integriertes Key-Account-Management
Business Books & Tools St. Gallen, 2011
ISBN 3-905379-27-9

Christian Abegglen (Herausgeber)
Ganzheitliches Management in der Praxis
Band 5: Produktmanagement im Einzelhandel und der Medienwelt
Business Books & Tools St. Gallen, 2011
ISBN 3-905379-28-7

Christian Abegglen (Herausgeber)
Ganzheitliches Management in der Praxis
Band 6: Strategische Planung & Controlling
Business Books & Tools St. Gallen, 2011
ISBN 3-905379-29-5

Christian Abegglen (Herausgeber)
Ganzheitliches Management in der Praxis
Band 7: Planen & Optimieren
Business Books & Tools St. Gallen, 2012
ISBN 978-3-905379-33-4

Christian Abegglen (Herausgeber)
Ganzheitliches Management in der Praxis
Band 8: Transfer & Auslagerung
Business Books & Tools St. Gallen, 2012
ISBN 978-3-905379-34-1

Christian Abegglen (Herausgeber)
Ganzheitliches Management in der Praxis
Band 9: Wettbewerb & Marktbearbeitung
Business Books & Tools St. Gallen, 2012
ISBN 978-3-905379-35-8

Christian Abegglen (Herausgeber)
Ganzheitliches Management in der Praxis
Band 10: Produkt & Vermarktung
Business Books & Tools St. Gallen, 2013
ISBN 978-3-905379-37-2

Christian Abegglen (Herausgeber)
Ganzheitliches Management in der Praxis
Band 11: Projektmanagement & Prozessoptimierung
Business Books & Tools St. Gallen, 2013
ISBN 978-3-905379-38-9

Christian Abegglen (Herausgeber)
Ganzheitliches Management in der Praxis
Band 12: General Management & Strategie
Business Books & Tools St. Gallen, 2013
ISBN 978-3-9053789-39-2

Weitere Titel:
Internet: www.sgbbt.ch
E-mail: info@sgbbt.ch